La France et nous

Robert Charbonneau

La France et nous

Réponses à
Jean Cassou
René Garneau
Louis Aragon
Stanislas Fumet
André Billy
Jérôme et Jean Tharaud
François Mauriac
et autres

Présentation d'Élisabeth Nardout-Lafarge

BIBLIOTHÈQUE QUÉBÉCOISE

Bibliothèque québécoise inc. est une société d'édition admi-
nistrée conjointement par la Corporation des Éditions Fides,
les Éditions Hurtubise HMH ltée et Leméac éditeur.

Données de catalogage avant publication (Canada)

Charbonneau, Robert, 1911-1967

    La France et nous : Journal d'une querelle

    (Littérature)

    Éd. originale : Montréal : Éditions de l'Arbre, 1947
    Comprend des réf. bibliogr.

    ISBN   2-8940-6089-0

    1. Littérature comparée — Française et canadienne-
française. 2. Littérature comparée — Canadienne-française
et française. I. Titre. II. Collection : Littérature (BQ).

PS8097.F7C45 1993   C840.9   C93-096823-9
PS9097.F7C45 1993
PQ3901.C45F72 1993

Maquette de couverture : Évelyne Butt
Photocomposition : Mégatexte

DÉPÔT LÉGAL : 3e trimestre 1993
BIBLIOTHÈQUE NATIONALE DU QUÉBEC
© L'Arbre, 1947
© Bibliothèque québécoise, 1993, pour cette édition
ISBN : 2-8940-6089-0

Imprimé au Canada

Histoire d'une querelle

Merci à Gilles Marcotte de sa relecture, et à Frédérique Izaute de son aide pour les index et la bibliographie.

Lorsqu'en 1946, Robert Charbonneau entreprend de riposter, par les articles qu'on va lire ici![1] aux attaques de quelques écrivains et intellectuels français contre les éditeurs canadiens-français, il n'est pas un inconnu. Bien qu'encore très jeune, il a alors 35 ans, Charbonneau est déjà l'auteur de deux romans, *Ils posséderont la terre* (1941) et *Fontile* (1945); il a obtenu pour le premier le prix David et le prix Duvernay pour le second. Son œuvre compte aussi un recueil d'essais de critique littéraire, *Connaissance du personnage*, publié en 1944. À ces publications s'ajoute une importante activité d'animateur du milieu littéraire montréalais, puisque Charbonneau dirige *La Nouvelle Relève,* revue de philosophie et de littérature fondée avec Paul Beaulieu en 1934, sous le nom de *La Relève*.

---

1. C'est sous le titre «Journal d'une querelle» que Charbonneau désignait *La France et nous*, comme en atteste une lettre d'Étienne Gilson, citée dans le numéro que *Les Écrits du Canada français* consacrait à Charbonneau (no 57, 1986, p.208-209). «Je vous remercie de m'avoir aimablement envoyé le "Journal d'une querelle", titre beaucoup plus exact que "La France et nous"», écrivait Gilson (p.208).

On le sait aujourd'hui[2], cette revue, née de la rencontre de quelques étudiants du Collège Sainte-Marie, notamment Paul Beaulieu, Claude Hurtubise, Hector de Saint-Denys Garneau, a joué un rôle considérable dans la modernisation de la vie intellectuelle et littéraire au Québec. Grâce à la caution morale du thomisme français, celle notamment de Jacques Maritain, qui est sans conteste leur maître à penser, ceux qu'on identifiera bientôt comme le groupe de *La Relève* contestent l'orthodoxie religieuse et introduisent au Québec des auteurs contemporains, français surtout, peu ou pas lus jusqu'alors, tels Proust et Gide et, plus tard, Bataille et Leiris. Certes, de très nombreuses revues littéraires naissent au cours de ces années (*Amérique française*, *Gants du ciel* et beaucoup d'autres), mais l'originalité de *La Relève* tient autant à sa longévité (elle paraît de 1934 à 1948) qu'à la cohésion toute particulière du groupe qui l'anime.

Si les itinéraires diffèrent — il y a loin de l'expérience poétique désespérée de Saint-Denys Garneau à la carrière diplomatique de Paul Beaulieu —, l'origine et la formation des membres du groupe sont singulièrement homogènes ; issus de la bourgeoisie francophone, ils reçoivent la même éducation catholique, humaniste, dans les mêmes institutions et partagent les mêmes valeurs, entre autres une certaine fascination pour la France. Robert Charbonneau, pourtant, se distingue de ses camarades par une origine plus modeste (son père a

---

2. À ce sujet, voir entre autres :
   Jacques Pelletier, « La Relève, une idéologie des années trente », *Voix et images du pays*, vol. v, 1978, p. 69-139.
   Pierre Popovic, *La Contradiction du poème. Poésie et discours social au Québec de 1948 à 1953*, Montréal, Éditions Balzac, coll. « L'univers des discours », 1992.

longtemps été employé du chemin de fer, le Canadien Pacifique), et par une enfance campagnarde : il est âgé d'un an à peine lorsque sa famille s'installe à Farnham, en Estrie, d'où il ne reviendra qu'à l'âge de 8 ans. Il fréquente le Collège Sainte-Marie, où il rencontre les autres membres du groupe, puis il poursuit des études de journalisme à l'Université de Montréal d'où il sort, à 23 ans, diplômé de l'École des sciences sociales et politiques. Il sera d'ailleurs journaliste, à *La Patrie*, au *Droit*, puis, de 1938 à 1942, directeur adjoint de l'information au *Canada*. D'autres membres du groupe de *La Relève*, Robert Élie et Jean Le Moyne, ont également pratiqué le journalisme ; chez Charbonneau cependant, cette expérience n'est sans doute pas étrangère à l'implication dans l'édition.

En effet, comme Bernard Valiquette, Lucien Parizeau ou Pierre Dagenais, Robert Charbonneau et Claude Hurtubise profitent de la situation particulière de l'édition canadienne-française, qui sert de relais à l'édition française pendant la guerre[3], pour lancer une nouvelle maison d'édition, L'Arbre. L'entreprise, fondée en 1941, durera jusqu'en 1948. L'Arbre présente, comme toutes les maisons fondées au cours de cette période, un certain nombre de caractéristiques : destin éphémère, fonds majoritairement français, constitué grâce aux lois d'exception qui régissent alors le marché du livre français, ainsi qu'à la présence, à New York surtout, de nombreux auteurs, dont certains célèbres (Saint-Exupéry, Maritain, entre autres) parmi les réfugiés français. La politique éditoriale de Charbonneau et d'Hurtubise est gouvernée

---

3. Voir à ce sujet Jacques Michon, (dir.), *L'Édition littéraire au Québec de 1940 à 1960*, Sherbrooke, Cahiers d'Études littéraires et culturelles, n° 9, 1985.

par une double exigence de qualité et d'actualité ; ils visent un public cultivé, ouvert à la littérature et à la pensée françaises modernes qu'aucune maison québécoise de l'époque ne cible aussi précisément[4]. Grâce à la notoriété de certains des auteurs français qui y sont édités, L'Arbre peut publier des écrivains canadiens-français, notamment Anne Hébert, Yves Thériault et Roger Lemelin. Robert Charbonneau connaît, en tant qu'éditeur, un certain rayonnement comme en atteste son élection au poste de président de la Société des éditeurs canadiens-français en 1946 et 1947, puis, jusqu'en 1948, à celui de trésorier de la même société.

C'est donc un intellectuel reconnu dans son milieu qui prend la parole en 1946 pour défendre l'intégrité de l'édition québécoise et son droit à l'autonomie pour ses choix artistiques. Au contraire, après la querelle d'où naît *La France et nous*, la carrière de Charbonneau semble décliner. Il publie en 1948 un troisième roman, *Les Désirs et les Jours*, mais, la même année, il subit à la fois la faillite des Éditions de L'Arbre et la disparition de *La Nouvelle Relève*. Après un bref passage au journal *La Presse*, Charbonneau entre à Radio-Canada en 1950 et y occupe successivement divers postes de direction jusqu'en 1967. Radio-Canada est alors un débouché privilégié pour les écrivains canadiens-français qui s'y retrouvent assez nombreux. Dans le cas de Charbonneau, cette reconversion semble correspondre à un éloignement du milieu littéraire. Si ses romans font l'objet

---

4. « L'Arbre édite ses romans pour intellectuels dans une collection blanche qui rappelle celle de Gallimard (lettres rouges et noires sur fond crème) ; il édite également *La Nouvelle Relève* qui, avant la rupture autonomiste de 1947 exprimée dans *La France et nous*, ressemble dans sa présentation matérielle et son appellation à *La Nouvelle Revue française*. » Jacques Michon, *op. cit.*, p. 9.

d'adaptations théâtrales radiophoniques, ses publications se raréfient: il n'écrira plus qu'une longue nouvelle, *Aucun chemin n'est sûr,* parue dans *Les Cahiers de l'Académie canadienne-française,* en 1961 un roman, *Aucune créature,* et, en 1967, le récit de ses années de jeunesse, *Chronique de l'âge amer,* qui met en scène, à peine voilés sous des pseudonymes transparents, ses compagnons de *La Relève.* Titre symptomatique, l'âge amer est-il celui du souvenir ou celui que raconte le récit? Peu après la publication de ce dernier texte, Robert Charbonneau meurt d'une crise cardiaque en juin 1967.

À ses collaborateurs et aux témoins de l'époque, il laisse le souvenir d'un homme intègre et sévère, introverti, parfois difficile à approcher. Déjà, à *La Relève,* il était surnommé le fakir. Studieux, sérieux, appliqué et retenu, Charbonneau incarne, à sa manière, les désirs et les contradictions d'une génération d'intellectuels canadiens-français qui, bien avant la Révolution tranquille, est parvenue à secouer le joug de l'Église sur la culture et a tenté d'imposer, au Québec, les conditions d'existence d'un milieu littéraire stimulant. *La France et nous* s'inscrit dans ce processus.

Le texte se compose de 23 articles, parus pour la plupart dans *La Nouvelle Relève,* en réponse à ceux du critique canadien-français René Garneau et des intellectuels français qui, eux, écrivent dans *Les Lettres françaises,* dans *Combat* ou dans *Le Monde* — ceux-là même énumérés en sous-titre de l'ouvrage. Charbonneau cite largement les propos de certains de ses adversaires, manifestement choisis pour leur mauvaise foi évidente ou pour leur morgue. Il s'oppose alors à quelques-uns des écrivains et des intellectuels les plus influents du moment : les plus importants sont Louis Aragon, Georges Duhamel, alors secrétaire perpétuel de l'Académie française, François Mauriac, l'un des auteurs les plus lus dans le Québec des années quarante et sûrement le principal modèle du romancier Charbonneau, le critique d'art Jean Cassou, conservateur du Musée national d'art moderne, les frères Jérôme et Jean Tharaud, les journalistes et critiques littéraires André Billy et Stanislas Fumet. Le médiéviste Étienne Gilson, qui a dirigé pendant plusieurs années l'Institut scientifique franco-canadien, intervient également, mais pour soutenir Charbonneau. À la fin du recueil, l'auteur ajoute en annexe un court billet qu'il a signé dans *La Nouvelle Relève*, une critique de la toute récente *Histoire de la littérature canadienne-française* de Berthelot Brunet, collaborateur de la même revue, et enfin l'entrevue qu'il a lui-même accordée à Jean Luce, journaliste à *La Presse*. Ces textes constituent en quelque sorte le procès-verbal de la querelle, vue par Charbonneau ; vision évidemment partielle et partiale puisque les pièces sont soigneusement triées et stratégiquement présentées.

À cet égard, il n'est pas inutile de faire d'abord un détour par le paratexte — c'est-à-dire, selon Gérard Genette, l'ensemble des éléments qui font « d'un texte un livre[5] ». La dédicace joue résolument sur le neuf, le vif, le futur, et s'oppose ainsi implicitement à l'usé, au passé, au décadent : « Aux écrivains et aux artistes canadiens qui puisent dans la jeunesse de leur pays la force de créer des œuvres vivantes, vigoureuses et neuves, en témoignage d'une foi commune dans l'avenir... ».

---

5. Gérard Genette, *Seuils,* Paris, Le Seuil, 1987.

L'avant-propos est signé par l'éditeur, terme à entendre ici au sens institutionnel; dans la mesure où le texte cite Charbonneau, on pourrait déduire qu'il est d'Hurtubise, mais les liens entre les deux codirecteurs de L'Arbre sont alors trop étroits pour que Charbonneau en soit totalement absent, ce que confirme par ailleurs la rhétorique qui s'y déploie. Outre l'énumération finale des titres et des prix qui vient légitimer le nom de Charbonneau, notamment la mention de la toute jeune Académie canadienne-française que l'auteur de *La France et nous* a contribué à fonder en 1944 et qui constitue la marque d'une certaine autonomie du milieu littéraire québécois, l'avant-propos s'articule sur trois idées destinées à solliciter l'adhésion du lecteur. Premièrement est souligné un déséquilibre évident entre les protagonistes, puisque Charbonneau est très au courant de la vie intellectuelle et littéraire en France et connaît bien l'œuvre de ses adversaires, tandis que ceux-ci sont pour la plupart aussi ignorants de la littérature canadienne-française que de sa propre écriture. Deuxièmement, il ne souhaite nullement nier la nécessité de l'influence française sur la littérature canadienne-française comme en font foi ses travaux de critique et ses choix éditoriaux en tant que directeur d'une revue. Il est significatif que l'auteur de l'avant-propos fasse état d'une étude sur Charbonneau publiée par le *Toronto Quarterly*, «A Canadian Disciple of François Mauriac: Robert Charbonneau»; la caution universitaire semble avoir ici la valeur d'un brevet de francophilie. Troisièmement, l'éditeur Charbonneau a publié «un grand nombre d'ouvrages de la Résistance». Cet ultime argument, glissé discrètement, aurait pu être exploité avec plus de force, puisque les Éditions de L'Arbre avaient mis sur pied, sous la direction d'un réfugié français, le professeur Henri Laugier, une collection spécialisée dans la publication des écrits de la Résistance française, appelée «France forever», du nom de la branche américaine du Comité gaulliste[6].

Sa légitimité établie, le combattant peut attaquer. L'introduction de Charbonneau s'ouvre sur une longue citation de Dostoïevski, empruntée à une lettre de 1873, écrite durant la querelle des Occidentalistes et des Slavophiles; ce déplacement, qui associe le Québec de 1946 à la Russie du XIXe siècle, rétablit avec la France une égalité de nation à nation et va ainsi à l'encontre de toute une tradition aussi bien canadienne-française que française qui, évoquant la Touraine ou la Bourgogne, ramenait traditionnellement le Québec au statut de province française. Comme les Slavophiles ont triomphé en Russie, les écrivains canadiens-français doivent réorienter leur pratique par rapport à leur propre culture. On est étonné aujourd'hui de l'actualité de certaines formules de Charbonneau: «Nous devons nous efforcer de découvrir notre signification américaine», écrit-il page 34, ou, plus loin, «le premier pas d'une littérature vers l'autonomie consiste à répudier toute conception coloniale de la culture». Ainsi se trouvent posés, par Charbonneau, les principaux enjeux d'une querelle qui va largement dépasser les visées des écrivains français qui l'ont déclenchée.

En réalité, le débat commence en France et entre Français: Georges Duhamel écrit, le 1er janvier 1946, dans un article du *Figaro littéraire* intitulé «L'Arbre et

---

6. Yvan Cloutier, «Sartre en quête d'un éditeur francophone en Amérique», *The French Review*, vol. 66, no 5, avril 1993, p. 752-759, p. 752.

la branche» : «Le monde canadien est une branche de l'arbre français, une branche robuste et qui semble séparée du tronc original par une épaisse muraille, mais une branche quand même et qui fait honneur à la vitalité de l'arbre.» Outre l'improbable métaphore de la branche séparée du tronc par une muraille, l'article de Duhamel reconduit la conception métropolitaine, gallocentrique, qu'on se faisait encore volontiers, en France, de toute littérature francophone écrite hors des frontières nationales. Agacé, Étienne Gilson répond dans *Le Monde* daté du 6-7 janvier suivant par un article où il définit ainsi la littérature canadienne-française : «Ni empruntée, ni parasite autrement que la nôtre, elle est française de plein droit.» Puis, filant la métaphore de l'arbre, il en infléchit nettement le sens : «Si nous sommes l'arbre, jamais l'arbre ne s'est moins soucié de sa branche. Qu'il s'en soucie aujourd'hui, rien de mieux, mais ce qu'il retrouve après l'avoir si longtemps négligé, ce n'est pas une branche mais un arbre, un arbre de même espèce que lui, mais un autre arbre, qui est arbre comme lui.» Sur le moment, cet échange n'a guère d'échos au Québec et ce n'est que plus tard que Charbonneau citera, comme une caution, l'article de Gilson.

Les choses ne s'enveniment sérieusement que le 8 mars 1946, lorsque paraît, dans *Les Lettres françaises*, un article anonyme, généralement attribué à Louis Aragon, qui reproche aux éditeurs canadiens-français de continuer à publier des écrivains français accusés de collaboration et, à ce titre, interdits de publication chez les éditeurs français. L'auteur de l'article dénonce ce qu'il perçoit comme une pratique déloyale vis-à-vis des résistants français et un soutien implicite à l'idéologie de la collaboration. En 1946, le milieu littéraire français est secoué par un processus d'épuration ; si ces purges apparaissent aujourd'hui souvent excessives et injustes, elles ont lieu à un moment exceptionnel où la découverte de l'holocauste accentue à la fois la légitimité de ceux qui ont résisté et la culpabilité de ceux qui ont collaboré, parmi les écrivains comme dans l'ensemble de la population.

Au Québec, les éditeurs réagissent assez peu à l'attaque d'Aragon ; il est exact que des écrivains comme Maurras, Drieu La Rochelle, Jouhandeau, et bien d'autres, continuent d'être édités, soit que le débat idéologique français ne semble pas pertinent au Québec, soit que les éditeurs canadiens-français estiment leurs lecteurs plutôt favorables au régime de Pétain, soit, enfin, que les déchirements qui bouleversent le milieu littéraire français soient interprétés ici comme des scandales susceptibles de valoir une certaine notoriété aux livres[7]. Si Charbonneau réagit, c'est d'abord parce qu'il s'estime à l'abri de l'accusation de favoriser des écrivains collaborateurs et, ensuite, parce que les Éditions de l'Arbre sont directement mises en cause pour avoir publié, en 1945, le livre de Gérard de Catalogne, *Les Compagnons du spirituel*, consacré à Mauriac, Massis, Ducatillon, Rivière, Montherlant, Drieu La Rochelle, Giraudoux, Proust et Léon Daudet.

---

7. C'est à propos des textes du procès de Maurras que les Éditions Variétés, dirigées par Paul Péladeau et André Dussault, sont prises à partie dans l'article anonyme du 8 mars 1946 : « Est-il tolérable que soit présenté dans un tel catalogue et à une telle date, le procès de Maurras in extenso, avec un luxe de commentaires publicitaires qui font une retape évidente aux amateurs de Maurras, après qu'a été qualifiée crime toute l'activité de ce traître à la patrie ! ? »
Cité par Sylvie Bernier, « Variétés, premier éditeur québécois des années quarante », dans Jacques Michon, *op. cit.*, p. 29-55.

Ce recueil assez insignifiant de souvenirs et de portraits serait sans doute passé complètement inaperçu en d'autres temps, mais l'auteur, étroitement lié aux milieux monarchistes et fascistes de l'avant-guerre, puisqu'il a dirigé *Les Cahiers d'Occident*, et participé à la fondation d'autres publications de l'extrême-droite ultra-nationaliste comme *Les Faisceaux*, maintient manifestement son adhésion à l'idéologie de la collaboration. Dès le prologue du livre controversé, il salue en Maurras un chef spirituel et politique, revendique son appartenance au groupe de *L'Action française* et son amitié avec les journalistes de *Candide* et ceux de *Je suis partout*, principaux organes de la presse collaborationniste. Plus loin, il regrette «l'influence démoniaque de Gide» sur Mauriac[8], assure, à propos du romancier catholique, qu'«Il n'y aura jamais assez d'abbés Bethléem pour monter la garde autour des faibles[9]», et finit par déplorer dans *La Recherche du temps perdu* «l'absence de toute métaphysique, de toute morale, de toute idée religieuse[10]». S'il y a bien au Québec un public pour ce genre d'ouvrages, il est étonnant qu'il paraisse aux Éditions de l'Arbre tant il cristallise précisément les idées littéraires et politiques contre lesquelles Charbonneau et Hurtubise ont tellement lutté dans leurs articles de *La Nouvelle Relève*.

Ainsi le premier enjeu de la querelle est-il idéologique. À cet égard, le malentendu remonte sans doute à la guerre. Au Québec, le conflit a été perçu généralement comme un affrontement strictement européen, non

---

8. Gérard de Catalogne, *Les Compagnons du spirituel*, Montréal, Éditions de l'Arbre, 1945, p. 45.

9. *Ibid.*, p. 66.

10. *Ibid.*, p. 228.

entre des idéologies — fascisme contre démocratie —, mais entre des intérêts territoriaux et financiers français, allemands, britanniques, perception renforcée par le discours d'une partie du clergé, prête à toutes les alliances pour contrer les «grands fléaux» du moment: communisme, franc-maçonnerie, modernisme... Du point de vue du nationalisme canadien-français, l'appui aux Alliés, prôné par le gouvernement fédéral, passe pour une soumission à l'Angleterre qui continue d'incarner le colonisateur, et, contrairement aux autres provinces canadiennes, le Québec s'oppose majoritairement à la conscription lors du plébiscite de 1942. Des sympathies fascistes, souvent alimentées par la propagande de la droite française, et volontiers soutenues par le clergé, sont plus ou moins clairement exprimées. En 1940, le Québec est, dans l'ensemble, plutôt d'accord avec la position pétainiste, qui prône l'arrêt des hostilités et la «collaboration». Le discours des réfugiés français, favorables à la Résistance, ne parvient pas à contrecarrer cette opinion. Soulignons encore, dans un tel contexte, l'audace des positions du groupe de *La Relève,* qui condamne sans ambiguïté Hitler et le nazisme, et de L'Arbre, qui ouvre une tribune aux écrits de la Résistance.

En 1946, lorsqu'éclate la querelle, les choses ont changé tant en France qu'au Québec; les intellectuels français s'expriment avec un sentiment d'urgence, né du réel traumatisme qu'ils vivent alors. La plupart sont membres du Comité national des écrivains français, instance constituée sous l'Occupation, où se côtoient encore des tendances idéologiques très diverses qui vont du communisme orthodoxe d'Aragon au catholicisme social. Beaucoup sont d'anciens résistants, récemment sortis de la clandestinité et encore occupés à compter leurs morts. Dès lors, il n'est pas étonnant que le ton de leurs articles manifeste, plus que la certitude de leur bon droit, l'arrogance péremptoire des vainqueurs. Si les règlements de comptes et l'arrivisme dictent bien des décisions des « épurateurs », on aurait tort d'oublier que les intellectuels français sont en même temps légitimement et sincèrement convaincus que seule la plus grande intransigeance pourra anéantir le fascisme dont ils ont souvent été les victimes et dont ils continuent de découvrir les horreurs. Le temps n'est ni à la nuance ni à la mesure.

Face à eux, Robert Charbonneau semble divisé entre ses propres convictions antifascistes et celles de son groupe, et une sorte de solidarité nationale qui le pousse à atténuer les répercussions au Québec du conflit français :

> Quelques-uns mirent leur espoir dans le Maréchal. Ils le firent par amour pour la France et s'ils se sont trompés, c'est de bonne foi et cela n'eut aucun effet sur la politique française. D'autres, dont nous sommes fiers d'être, prirent résolument parti pour de Gaulle. C'était toujours, dans un cas comme dans l'autre, au-dessus des personnes du Général et du Maréchal, pour la France (p. 40).

On voit la faiblesse d'une telle argumentation qui dilue le différend idéologique dans un prétendu amour pour la France. Placé, sur ce point, dans une position délicate, Charbonneau doit se défendre de choix qui n'ont pas été les siens et, malgré lui, accentue par ses formulations les accusations plus voilées du C.N.E. comme en témoigne, par exemple, le titre d'un article qu'il signe dans le journal *Carrefour* le 18 février 1947, « Quoi qu'en disent Aragon et Cassou, les Canadiens français ne sont pas des traîtres » [reproduit pages 65, 66, 67 et 68 de *La France et nous*], article dans lequel l'emploi du terme «traîtres» indique son adhésion involontaire à l'autorité nationale française que, par ailleurs, il récuse. Charbonneau est beaucoup plus convaincant lorsque, profitant du recul que lui donne sa position de Canadien français par rapport aux événements, il reproche à ses adversaires leur fanatisme et leur aveuglement littéraire : «Maurras a été jugé par des tribunaux mais son œuvre, comme celles des autres "collaborateurs", n'est pas judiciable des mêmes tribunaux» [page 48]. En 1946, il fallait être persan pour rappeler aux membres du C.N.E. que les grands écrivains ne le sont qu'au seul regard de la littérature. Mais l'exemple de Maurras est singulièrement mal choisi. Certaines lettres personnelles illustrent l'ambiguïté de cette question. Ainsi, le 8 juillet 1947, Étienne Gilson écrit à Charbonneau : «La position de Cassou et d'Aragon est intenable, mais la vôtre contre eux serait plus forte si vous admettiez que Maurras a engendré un *maurrassisme canadien*, disons : québécois. Là, du moins, vous ne blessez personne. Simple omission[11].» Un échange privé entre Charbonneau et Cassou, également cité par Gilles Marcotte dans son article sur la querelle, est peut-être encore plus révélateur. Le 2 octobre 1947, Cassou écrit :

> *(...) dès l'armistice, je me suis engagé dans la lutte. Cette lutte, pouvez-vous, voulez-vous comprendre que nous l'avons menée, non seulement contre les Allemands (...) mais aussi contre des Français (...), soutiens, collaborateurs de ces Allemands, c'est-à-dire les gens de Vichy, de Pétain, de Maurras ? J'ai été arrêté (...) par des policiers français, jugé et condamné par un tribunal militaire français, gardé par des geôliers français (...). J'ai été recherché par les Miliciens des Français, qui ont tué nombre*

---

11. Lettre d'Étienne Gilson à Robert Charbonneau, *Les Écrits du Canada français*, *op. cit.*, p. 208-209, p. 208.

> *de mes camarades, qui ont torturé abominablement*
> *quelques-uns de mes meilleurs compagnons[12].*

Cassou poursuit en établissant un parallèle entre «les écrivains martyrs, Saint-Pol Roux, Max Jacob» et les écrivains qui «participaient (...) à la vie littéraire, mondaine, journalistique qui se menait à Paris, tandis que nous risquions tous les jours la torture et la mort[13]». Charbonneau, touché, lui répondra: «(...) si je n'ai pas vécu sous l'Occupation, je n'en ai pas moins souffert des malheurs de la France dans mon esprit et dans mon cœur[14]», sans pour autant céder sur les principes.

Car c'est bien de littérature que Charbonneau veut débattre. En effet, en 1946 ont lieu également de difficiles négociations avec les éditeurs français; à la fin de la guerre, les mesures exceptionnelles dont l'édition québécoise avait bénéficié cessent d'être appliquées, et une partie des droits ainsi accumulés doit être remise aux maisons françaises qui recommencent progressivement à desservir le marché international. Paris reprend désormais le monopole de la réédition de la littérature française et ne propose aux éditeurs du Québec que la distribution locale de cette production[15]. Cette crise de l'édition constitue une source de tensions entre le milieu littéraire canadien-français et la France. La plupart des

---

12. Lettre de Jean Cassou à Robert Charbonneau, *Les Écrits du Canada français, op cit.*, p. 214-217, p. 215.

13. *Ibid.*, p. 215-216.

14. Lettre de Robert Charbonneau à Jean Cassou, *Les Écrits du Canada français, op. cit.*, p. 217-218, p. 217.

15. Voir à ce sujet Jacques Michon, *op. cit.*, ainsi qu'une série plus récente de travaux, sous la direction du même auteur, *Éditeurs transatlantiques: Études sur les Éditions de L'Arbre, Lucien Parizeau, Fernand Pilon, Serge Brousseau, Maugin, B.D. Simpson,* Sherbrooke, Éditions Ex Libris, 1991.
Voir également Yvan Cloutier, *op. cit.*

nouvelles maisons créées pendant la guerre n'y survivent pas; L'Arbre connaîtra le même sort en 1948. Des désaccords économiques, aux enjeux souvent dramatiques pour les éditeurs canadiens-français, font donc écho au débat avec les intellectuels français, débat qui, hors de telles circonstances, n'aurait peut-être pas eu la même âpreté.

Comme Charbonneau l'a bien compris, la faillite, durement matérielle, à laquelle se trouvent acculés de nombreux éditeurs résulte aussi d'une dépendance intellectuelle du Québec, rarement remise en cause, à l'égard de la littérature française, de ses auteurs, de ses éditeurs, de ses critiques, de ses courants, de ses codes... Selon Charbonneau, l'éditeur, comme l'écrivain, se doit d'abord à sa littérature nationale. Ainsi, plus qu'un simple support commercial à la littérature, l'édition est, autant que le talent des auteurs, l'une de ses premières conditions d'existence. Elle doit donc s'élaborer non seulement à partir de critères esthétiques, mais au nom d'un véritable projet social pour lequel il faut obtenir l'adhésion des écrivains: «[...] si l'écrivain canadien doit être publié à l'étranger, c'est au Canada qu'il doit faire ses preuves», lit-on page 55, et plus loin: «Si les écrivains continuent de publier d'abord leurs ouvrages au Canada, rien n'empêchera que ces ouvrages soient vendus (...) ou même réédités en France. Dans ce cas, l'industrie canadienne, qui doit compter sur les écrivains de ce pays, et qui est d'abord à leur service, continuerait de se développer» (p. 55). Sans nier leur aspiration légitime à un succès plus large, souvent tributaire d'une reconnaissance en France, Charbonneau veut cependant inciter les écrivains canadiens-français à publier d'abord au Québec, cela afin de mettre en place, grâce à eux, les divers éléments (maisons d'édition, revues, critiques) d'un milieu littéraire stimulant, et sinon autosuffisant, du moins autonome par rapport à Paris. Cette conscience du rôle déterminant de ce qu'on appelle aujourd'hui *l'appareil* littéraire dans l'épanouissement d'une littérature fait de Charbonneau un précurseur, qui ne craint pas de poser les problèmes littéraires dans une perspective concrète, pratique et politique[16].

C'est bien encore ce souci de réalisme qui l'anime lorsqu'il aborde la question de la traduction. Reconnaissant que la littérature fonctionne, comme n'importe quel secteur d'activité, à partir d'un marché dont la demande sous-tend et oriente la production, Charbonneau s'interroge sur les possibilités de la littérature québécoise. Or, selon lui, la France n'est peut-être pas le débouché «naturel» des œuvres qui s'écrivent au Québec. Contre René Garneau, et contre une longue tradition canadienne-française, il propose au contraire d'investir le marché américain, accessible grâce à la traduction et plus *naturellement* (c'est moi qui souligne) disposé à accueillir la production québécoise. Cette collaboration avec les éditeurs américains semble alors d'autant plus envisageable que des contacts ont déjà été établis pendant la guerre, souvent d'ailleurs par l'intermédiaire des écrivains français réfugiés. Ce faisant, Charbonneau remet en question une certaine répartition des valeurs, typiquement canadiennes-françaises, selon laquelle la littérature, comme d'ailleurs toute l'activité culturelle, est exclusivement liée à la mouvance française, tandis que c'est plutôt l'économie et le commerce qui s'organisent dans l'orbite des États-Unis.

---

16. C'est Gilles Marcotte qui, le premier, a souligné cet aspect dans «Robert Charbonneau, René Garneau, la France et nous», *Les Écrits du Canada français, op. cit.*, p. 39-63.

Sur ce point, la querelle franco-québécoise provoque un autre débat, cette fois avec un critique canadien-français, René Garneau. Contre les aspirations américaines de Charbonneau, Garneau défend le lien traditionnel avec la culture française et agite le spectre de l'assimilation. Cet aspect de la polémique illustre bien le cadre dialectique à l'intérieur duquel est généralement posée, au Québec, la question du rapport à la France : l'influence intellectuelle française contrebalance l'influence américaine, elle est un outil et un rempart dans la résistance à l'américanisation ; de cet équilibre, fragile, sans cesse à repenser, dépend l'identité culturelle canadienne-française et donc la littérature. Pour Garneau, les écrivains doivent rester dans la «famille française», pour Charbonneau, ils ont intérêt à exploiter, symboliquement aussi bien que concrètement, leur américanité. Sous peine de rester une «province de la littérature française», la littérature canadienne-française n'a d'autre choix, selon lui, que de s'ouvrir aux influences variées, parfois contradictoires, qui peuvent la traverser. Dès lors, le corpus français ne peut plus incarner l'autorité d'un modèle unique, il doit être considéré comme une référence disponible parmi d'autres. Cette tentative de relativisation du modèle français est sûrement l'un des aspects les plus importants de l'intervention de Charbonneau.

Certes, il s'agit d'une polémique où les sentiments ne sont pas absents et il y a aussi beaucoup de dépit dans les propositions de Charbonneau. Cette amertume s'explique à la fois par l'intransigeance des éditeurs français dans les négociations en cours, et par l'ingratitude d'un certain nombre d'intellectuels français qui semblent avoir oublié à quel point ils ont profité des revues et des éditions canadiennes-françaises pour continuer leur activité pendant la guerre. Comme toutes les polémiques, celle-ci s'éteint dans la lassitude en 1948. En France, l'épuration s'est assouplie. Au Québec, le fonctionnement de l'institution littéraire au cours des années cinquante tend plutôt à désavouer les espoirs de Charbonneau. De nombreux écrivains souhaitent encore publier en France, certains y parviennent et reçoivent de l'institution française l'essentiel de leur légitimité. Les lecteurs du Québec continuent de préférer la littérature française, dont la distribution est organisée depuis la France. L'édition canadienne-française se relève très difficilement de la crise de 1946-1948. Le discours autonomiste de Charbonneau devra attendre l'Hexagone et les années soixante pour retrouver un écho dans le milieu littéraire québécois.

Si Charbonneau a rassemblé quelques partisans, force est de reconnaître qu'il n'est pas parvenu à instaurer dans son propre pays une *cause* autonomiste. Les réactions à la querelle, y compris le silence dont elle a parfois été entourée, donnent à penser qu'elle a été le plus souvent prudemment circonscrite à un différend entre les Éditions de L'Arbre et les intellectuels français avec qui l'éditeur canadien-français avait été en relation pendant toute la guerre. La sévérité excessive de *La Nouvelle Relève* à l'égard de la production littéraire française récente — Berthelot Brunet, par exemple, ne voit plus venir de France que déclin et décadence — est désavouée par bon nombre de critiques canadiens-français. Enfin, le soutien des écrivains eux-mêmes reste discret.

Néanmoins, cet épisode des relations littéraires entre le Québec et la France a des conséquences à plus long terme, et de plus de portée que celles que Charbonneau énumère amèrement dans une lettre qu'il adresse à Henri Laugier, le 15 mars 1948 :

> *(...) si Gabrielle Roy a obtenu le prix Fémina, si Robert Choquette est entré à l'Académie Ronsard, si Jean Bruchési est reçu à l'Académie, ce dernier à la condition de dire le contraire de ce que j'écris depuis deux ans, c'est parce que la querelle a attiré l'attention des Français sur notre littérature, qu'elle les a forcés de reconnaître notre existence[17].*

Le premier de ces acquis consiste à avoir à la fois révélé et invalidé la conception des littératures francophones que se faisait alors l'intelligentsia française la plus en vue. Le second tient à la reconnaissance des conditions concrètes de la littérature et du soutien institutionnel sans lequel elle ne peut exister. La position de Charbonneau est radicalement innovatrice sur ces deux fronts que constituent l'autonomie littéraire par rapport à la France et l'aspect institutionnel de la littérature ; elle fait de *La France et nous* un texte majeur dans la constitution de la littérature québécoise.

Élisabeth Nardout-Lafarge

---

17. Lettre de Charbonneau à Henri Laugier, *Les Écrits du Canada français*, *op. cit.*, p. 221-224, p. 221.

La France et nous

Aux écrivains et aux artistes canadiens
qui puisent dans la jeunesse de leur pays
la force de créer des œuvres vivantes,
vigoureuses et neuves, en témoignage
d'une foi commune en l'avenir.

AVANT-PROPOS À L'ÉDITION DE 1947

Ce qui frappe dans cette polémique entre quelques écrivains français et Robert Charbonneau, c'est que l'écrivain canadien connaît les ouvrages de ses adversaires alors que ceux-ci ignorent tout de lui. Ces derniers relèvent une phrase de ses articles et partent en guerre sans s'inquiéter de bien situer sa pensée. Il en est résulté des malentendus que ce recueil d'articles a pour but de dissiper.

Robert Charbonneau, à qui un professeur canadien-anglais consacrait récemment, dans le *Toronto Quarterly*, une étude intitulée « A Canadian Disciple of François Mauriac : Robert Charbonneau », ne s'insurge pas contre les influences françaises mais contre la tutelle de Paris. Il sait qu'une littérature fermée est une littérature vouée à la mort. Il ne fait donc que conseiller aux Canadiens ce que les Français ont toujours pratiqué.

Dans *Connaissance du personnage*, il a rendu hommage aux écrivains français que *La Relève*, puis *La Nouvelle Relève* qu'il dirige depuis 1934, n'a pas peu contribué à faire aimer au Canada. Pendant la guerre, il dirigeait les Éditions de l'Arbre qui ont publié un grand nombre d'ouvrages de la Résistance.

Robert Charbonneau est membre de l'Académie canadienne-française, président de la Société des éditeurs, trésorier de la Société des écrivains et il a obtenu l'un des prix David en 1942 et le prix Duvernay en 1946.

L'ÉDITEUR

En 1873, au moment de la parution de son roman *Les Démons*, F. M. Dostoïevski écrivait au tsarevitch Alexandre :

> *Troublés et épouvantés par la distance qui nous sépare de l'Europe dans notre développement intellectuel et scientifique, nous avons oublié que dans le tréfonds des aspirations de l'esprit russe, nous détenions en nous, en tant que Russes, et à la condition que notre civilisation restât originale, le pouvoir d'apporter peut-être au monde une lumière nouvelle. Nous avons oublié, dans l'ivresse de notre humiliation, une loi immuable : c'est que, sans l'orgueil de notre propre signification mondiale, nous ne pourrions jamais être une grande nation ni laisser après nous le moindre apport original.*
>
> *Nous avons oublié que, si les grandes nations ont pu développer leurs immenses forces, c'est qu'elles étaient fières d'elles-mêmes ; si elles ont servi le monde et lui ont apporté chacune ne fût-ce qu'un rayon de lumière, c'est qu'elles restaient fièrement, inébranlablement, et toujours avec orgueil, elles-mêmes.*
>
> *Avoir actuellement de telles pensées et les exprimer, c'est se condamner à un rôle de paria...*[18]

Au moment où Dostoïevski écrivait ces lignes, les écrivains, les artistes, l'université, la société russes étaient fascinés par l'Europe. Ils n'attendaient rien que de l'imitation des étrangers, allemands, français ou

---

18. Lettre publiée dans la *N.R.F.*, numéro 228, 1er septembre 1932.

italiens. La querelle des Occidentalistes et des Slavophiles s'est terminée, on le sait, par le triomphe de ces derniers.

Écrivains canadiens-français, nous devons nous efforcer de découvrir notre signification américaine. Nos historiens, quelques-uns de nos hommes d'État ont compris que nous devons accepter la condition providentielle de notre vie en Amérique. Mais plus que par ses historiens et ses hommes politiques, c'est par ses écrivains et ses artistes qu'un peuple prend conscience de sa différence, de ses aspirations, de sa signification propre.

Le premier pas d'une littérature vers l'autonomie consiste à répudier toute conception coloniale de la culture. Que nos écrivains ambitionnent d'abord d'être eux-mêmes, sans tenir leurs yeux sur ce qu'on pensera à Paris, ou plutôt, qu'ils regardent ce qui se fait ailleurs, qu'ils choisissent dans les techniques françaises, anglaises, russes et américaines ce qui convient à leur tempérament et qu'ensuite, ils n'aient qu'un but: créer des œuvres qui soient fondées sur leur personnalité canadienne. C'est en étant lui-même, en s'acceptant avec sa terre, son histoire, sa vie et son temps qu'un écrivain produit des œuvres humaines d'une portée universelle.

Balzac devait beaucoup à Walter Scott, Stendhal aux chroniques italiennes et Dostoïevski à Balzac et à George Sand. Mais tous ces écrivains étaient d'abord de leur pays et de leur temps. Ils étaient français, anglais ou russes. Si les Français n'avaient subi d'influences que françaises, leur littérature se serait rapidement appauvrie. Au Canada, nous avons accepté, comme un dogme, la supériorité de la technique française sur toutes les autres. Pour avancer, il faut maintenant, sans cesser d'étudier les Français, étendre nos recherches à d'autres techniques et à d'autres œuvres. De cette façon, il nous sera plus facile de rester nous-mêmes. Une seule influence dégénère en imitation; plusieurs se complètent et sont, à la longue, plus fécondes.

Dans les pages qui suivent, j'ai tenté modestement de cristalliser le sentiment de toute une partie de la littérature canadienne. La controverse n'a été pour nous que l'occasion de définir certains buts et de préciser notre position à l'égard de l'Europe.

Les articles qui suivent sont placés dans l'ordre de leur parution dans *La Nouvelle Relève* et dans les journaux. Je leur ai conservé leur forme d'article. En les publiant, je n'ai d'autre but que de renseigner le lecteur canadien et étranger afin de lui permettre de juger.

R.C.

LE RAYONNEMENT DE LA FRANCE

Nous croyons que, dans les années qui vont suivre la paix, Paris va reprendre son autorité sur la vie intellectuelle de l'Europe et du monde. Depuis le moyen âge, Paris a exercé un attrait sur tout ce qui dans le monde occidental pense, écrit, crée. Et rien de ce qui était création de l'esprit n'était étranger à Paris. Pourtant, à l'Est, Dostoïevski a tôt échappé à l'influence française. Les Français l'ont si peu reconnu qu'il lui a fallu attendre ces dernières années pour prendre à leurs yeux toute son importance. Je cite ce nom comme type; il y en a d'autres, notamment Gogol, Pouchkine, etc.

L'attention de Paris, tournée vers l'Allemagne et l'Angleterre, n'a pas vu se développer aux États-Unis et en Amérique du Sud une littérature neuve, vigoureuse, féconde, qui ne devait presque rien à ses techniques et à ses maîtrises.

Au Canada même, qui pourtant fait partie de la famille culturelle française, faute de curiosité, Paris a ignoré la vie d'une littérature jeune qui compte un Saint-Denys Garneau, un Alain Grandbois, un Yves Thériault, un Roger Lemelin, un Léo-Paul Desrosiers, une Gabrielle Roy et autres.

Il est vrai que depuis que la France a repris ses contacts avec le monde, des critiques s'efforcent de rétablir les échanges.

Mais le rôle de la France dans le monde, c'est un rôle civilisateur; à ce titre, elle doit être partout pour s'enrichir en enrichissant.

Pour garder son influence, elle ne doit rien ignorer; elle peut miser sur les Scandinaves ou sur les

Allemands contre les Américains, mais elle n'a pas le droit de perdre. Dostoïevski n'a pas eu besoin de la France pour être grand; Caldwell, O'Neill, Hemingway non plus.

Ce serait un jour terrible pour nous, un jour de deuil, le jour où la France, par sa faute, par repli sur soi, (ce qu'elle n'a jamais fait et c'est à sa gloire) perdrait au profit de New York ou de Moscou, son autorité directrice, son autorité de force rayonnante sur le monde.

La Nouvelle Relève, mars 1946

LES LIVRES FRANÇAIS

Il est tôt pour porter un jugement sur la production littéraire de France. Nous recevons la plupart des journaux, quelques revues et des livres. Ajoutons que les plus importants ouvrages continuent d'être réédités par des maisons canadiennes.

Le public a été déçu par les livres qui nous arrivent de France. La présentation n'est pas en cause : papier, typographie, couvertures, prix ne sont pour rien dans ce désenchantement qui a suivi l'arrivée des courriers.

Avant la guerre, chaque courrier nous apportait un ou deux livres marquants. Bernanos, Claudel, Mauriac, Valéry, Duhamel, Maritain, Berdiaeff, Lacretelle, Giraudoux, les prix Goncourt, Fémina, etc., pour n'en nommer que quelques-uns, portaient à chaque nouveau livre leur gloire un peu plus haut. Il existait une littérature française qui était à l'avant-garde de la création, une littérature qui était éminemment universelle.

Et voici qu'après cinq ans de séparation, on nous annonce des livres de France. Que nous apporte la

France ? Elle nous apporte les signes d'un peuple divisé, replié sur lui-même, d'une littérature qui ne continue pas, qui n'innove pas, mais qui se recommence. Je me hâte de dire que plusieurs écrivains échappent à ce reproche. Mais ils ne peuvent compenser la médiocrité de l'ensemble.

Ces romans, ces essais, ces récits ne sont pas ce que le public attendait d'un peuple qui, pendant cinq ans, a donné un exemple de résistance acharnée, que les épreuves n'ont jamais réussi à atteindre dans son esprit, son sens des valeurs universelles, sa puissance de renouvellement.

Cet état de choses indique que la crise que traverse la France n'est pas seulement une crise politique, économique ou physique, mais une crise spirituelle. Cette crise aura ses répercussions dans le monde et ses répercussions reviendront frapper la France, l'autorité spirituelle de la France, la culture française tout entière. Que d'autres littératures s'appauvrissent, on s'en apercevra à peine. Que la France, qui a été bâillonnée pendant cinq ans, n'ait rien à nous dire, qu'elle se replie sur elle-même, cela nous émeut profondément.

Nous ne voulons pas juger la production française par ce qui a été publié. Il existe une crise du papier. Certes ! Mais si on trouve du papier pour une quarantaine d'écrivains de dixième ordre et même pour des traductions, comment se fait-il qu'on n'en trouve pas pour un grand livre une fois par quinze jours ?

Devons-nous croire que l'éditeur qui a le choix entre un ouvrage de premier plan et l'élucubration d'un inconnu choisisse à tout prix cette dernière ? C'est trop invraisemblable ! Ou alors la littérature n'a rien à voir là-dedans.

Pourquoi ces querelles ?

La France s'est maintenant relevée de sa défaite de 1940 ; si elle est en proie à la division intérieure et traverse une crise de nervosité, aux yeux de l'étranger, elle semble en bonne voie de guérison. Devant la maladie d'un parent très cher, on ne peut se défendre d'éprouver une vive sympathie, on hait la maladie qui menace sa vie, on souffre avec lui. Doit-on par sympathie suivre les mêmes traitements que lui, penser à son mal avec la même intensité, s'enfermer dans sa chambre et refuser de voir ses autres amis parce que celui-ci ne peut plus tolérer leur présence ?

La France a eu et elle garde toute notre sympathie, mais nous devions et nous devons toujours refuser de suivre une partie des Français dans l'intolérance, la division, la haine. Notre mal ne guérirait pas le leur.

On nous reproche d'accorder plus d'importance aux écrivains de valeur qu'à certains documents de la Résistance. Au Canada, un brevet de résistance n'a pas la même importance qu'en France parce que, pour nous, un Résistant c'est un homme qui a fait son devoir à la guerre. Entendons-nous bien. Tant que la France fut sous le joug allemand, la littérature de la résistance de l'intérieur comme de l'extérieur pour nous avait un sens. C'était la résistance à l'ennemi. Elle n'était pas l'expression d'un clan politique qui, quel que soit son mérite, n'a pas une doctrine d'exportation. Ceux qui ont admiré avant la guerre un Maurras, un Bainville, un Massis, etc., ne l'ont pas fait parce qu'ils rêvaient d'une restauration monarchique dans un pays qui n'est pas le nôtre, mais parce qu'il se trouvait que ces écrivains étaient d'éminents représentants de la pensée française. Qu'on le nie aujourd'hui ne change rien. Le fait que Maurras et les autres ont collaboré ne change rien à des œuvres publiées avant 1940. Je suis d'autant plus à l'aise de parler de ces écrivains que, personnellement, à l'exception de Daudet, je n'en admire aucun et que, politiquement, je me trouvai sur les questions de la guerre d'Espagne, du communisme, etc., dans le camp opposé.

Le principal symptôme de ce mal qui taraude la France, c'est l'agressivité avec laquelle elle traite ses amis. Au temps où la France n'avait pas souffert, dans son ensemble elle ignorait à peu près tout du Canada. On se souciait peu de ce que le Canada français pouvait penser, dire ou écrire. À ce moment, les Français ne songeaient pas à nous mêler à leurs querelles même si certains d'entre eux se croyaient le devoir de se mêler des nôtres.

Vint 1940 et le refus du général de Gaulle de s'incliner devant la défaite. Au Canada, on ne voulut pas non plus admettre que la France fût finie. Quelques-uns mirent leur espoir dans le Maréchal. Ils le firent par amour pour la France et s'ils se sont trompés, c'est de bonne foi et cela n'eut aucun effet sur la politique française. D'autres, dont nous sommes fiers d'être, prirent résolument parti pour le général de Gaulle. C'était toujours, dans un cas comme dans l'autre, au-dessus des personnes du Général et du Maréchal, pour la France.

C'est à titre d'éditeur que nous avons servi la France en Amérique durant la guerre, avec l'aide de Français comme MM. Maritain, Henri Laugier, Auguste Viatte et autres. Notre rôle terminé, on nous a reproché ce que nous avions fait, on n'a pas dit un mot dans les journaux français des livres que nous avions publiés, on nous reproche aujourd'hui dans *Les Lettres françaises* de publier un livre qui déplaît à des fanatiques.

Il est regrettable que les premiers à mentionner le nom des Éditions de l'Arbre à Paris le fassent pour nous reprocher un ouvrage indifférent alors qu'ils n'ont pas trouvé un petit espace pour parler des livres tels que ceux de Jacques Maritain, de Georges Bernanos, du comte Sforza, de Cohen, de la collection France Forever, etc.

Si *Les Lettres françaises* ont le sens de la justice, il y a une manière de le prouver. Qu'elles jugent L'Arbre sur les cent soixante titres parus depuis 1940. Cette liste peut se comparer aux plus belles de la Résistance.

La Nouvelle Relève, mai 1946

ÉTAT DE LA LITTÉRATURE CANADIENNE

La littérature canadienne de langue française, sauf quelques remarquables exceptions, a été, jusque vers 1920, une littérature de terroir, cherchant sa justification dans ses fins politiques, sociales ou historiques plutôt que dans la perfection qui est la fin de tout art. Et cela s'explique facilement.

Les conditions requises pour l'éclosion de grandes œuvres sont une certaine indépendance politique, que le Canada ne possède que depuis le Statut de Westminster, des conditions intellectuelles et matérielles favorables, une technique autonome. Avant 1919, politiquement, le Canada ne jouait aucun rôle dans la sphère internationale. Notre participation à la première grande guerre nous a valu une autonomie plus grande et, en 1939, notre pays fut appelé à jouer un rôle de premier plan aux côtés de la Grande-Bretagne et des États-Unis. Ce n'est donc que dans les toutes dernières dix années que notre littérature a commencé d'exister aux yeux de l'étranger. L'écrivain canadien, ayant alors trouvé une audience plus vaste, a consenti un effort à la mesure de l'attention qu'on lui portait.

Les grandes époques des littératures grecque, romaine, française, anglaise, espagnole, etc., coïncident avec la suprématie militaire ou politique de ces pays. Il faut non seulement aimer son pays mais être fier de lui devant l'étranger pour créer des œuvres. Et depuis vingt ans, la littérature canadienne de langue française a été toujours en s'affirmant.

La deuxième condition, le milieu intellectuel favorable, n'existe que depuis quelques années. On remarquera que de la pléiade d'écrivains qui honorent aujourd'hui nos lettres, aucun n'a fréquenté les universités françaises. Ces écrivains, formés par d'autres Canadiens, dont quelques-uns avaient étudié en France, ont créé spontanément et selon leur génie propre.

Il n'y a aucun doute que l'intérêt plus grand porté à la littérature d'imagination et la fondation à Montréal et à Québec de nouvelles maisons d'édition n'aient accentué le mouvement. Les écrivains canadiens ont également bénéficié, à cause de la guerre, de marchés plus étendus du fait qu'il se publiait peu de livres en Europe. Mais dès qu'on eut commencé à les lire, ils se sont imposés par leur propre mérite et plusieurs ouvrages canadiens, dont les deux grands romans de Roger Lemelin et de Gabrielle Roy, ont été traduits en anglais et publiés par des maisons américaines.

Les jeunes écrivains canadiens ne se sont pas affranchis de toute influence française. La langue étant la même, on ne peut dire que ce serait souhaitable. Mais s'ils ont des maîtres étrangers, ceux-ci ne sont plus uniquement des maîtres français. Les écrivains américains, entre autres, ont contribué à l'élaboration de leurs techniques et ont enrichi leur vision du monde.

Ayant un public qui débordait les cadres de la province de Québec, la jeune littérature, tout en s'appuyant solidement sur le milieu canadien, tend à devenir universelle. Le romancier ne fonde plus tout son art sur le détail pittoresque mais s'efforce de dégager sous ce détail ce qui est humain. L'historien, au-dessus des polémiques provinciales, devient plus objectif.

La forme la plus riche présentement, c'est le roman; vient en second lieu la poésie, qui jusqu'à la guerre avait été la forme la plus évoluée et celle qui rassemblait les plus grands talents. Et cela est significatif. Le roman est avec le théâtre le genre le plus difficile. Dans ce dernier domaine, les efforts n'ont pas encore donné de résultats intéressants, bien que Montréal possède au moins deux troupes canadiennes-françaises d'avant-garde: les Compagnons de Saint-Laurent et l'Équipe et une troupe professionnelle permanente.

Aujourd'hui, les romanciers Ringuet, Léo-Paul Desrosiers, Gabrielle Roy, Roger Lemelin, Yves Thériault, Germaine Guèvremont, Berthelot Brunet, Claude-Henri Grignon, Rex Desmarchais, pour ne nommer que les principaux qui ont déjà donné des œuvres originales, personnelles et profondément humaines, les poètes Alain Grandbois, Anne Hébert, Roger Brien, Robert Choquette, les essayistes, critiques et historiens Guy Frégault, Jean Bruchési, Marcel Raymond, Roger Duhamel, Guy Sylvestre, le Père Hilaire, Jean-Pierre Houle, le Père Romain Légaré, Jean-Louis Gagnon, forment un noyau solide. À propos on peut dès maintenant parler d'une littérature autonome.

Ces écrivains, s'ils se rattachent encore à des écoles françaises ou américaines, visent à se dégager de tous liens et on peut prévoir qu'il sortira de cette génération des œuvres intégralement canadiennes d'une portée universelle.

La Nouvelle Relève, juin 1946

CULTURE CANADIENNE-FRANÇAISE

En 1763, dit l'édition scolaire de l'*Histoire du Canada*, la France cédait le Canada à l'Angleterre pour toujours. Ces mots ont fait rêver bien des générations de petits Canadiens. Après un héroïque effort de plus de deux siècles, la France fut forcée de se retirer des «arpents de neige».

Mais si la France renonçait au Canada pour toujours comme le dit naïvement la petite histoire, les 60 000 Canadiens, eux, ne renonçaient pas à la France. Ces 60 000 sont devenus près de 4 000 000. Ils sont restés Français, par l'esprit, par la culture, par la volonté d'être eux-mêmes, mais Français du Canada.

Depuis 1763, le Canada, pays d'Amérique, pays bilingue, pays d'allégeance britannique n'est plus lié à la politique, à l'économie, ni à l'évolution morale et philosophique de son ancienne mère-patrie. Si les sources culturelles sont les mêmes jusqu'à la fin du XVIIIe siècle, la filiation ne s'étend plus au-delà que sous forme d'emprunts. Ainsi, au XIXe siècle, voyons-nous quelques-uns de nos écrivains imiter Hugo ou Lamartine. Ils ne sont pas eux-mêmes. Ils se cherchent du côté de la France, et ne se trouvent pas. Ils ne sont plus Français et refusent de l'admettre. À la fin du XIXe et au début du XXe, des Canadiens songent à retourner en France. Ils vont étudier, se perfectionner, retrouver la source. Elle est tarie pour eux parce qu'ils ne se rendent pas compte qu'ils sont différents. Parfois admirablement doués, ils se découragent à vouloir imiter et ne donnent aucune œuvre d'envergure. Ni Français ni Canadiens, ils végètent entre les deux nationalités, entre les deux mentalités. On le leur fait bien sentir des deux côtés.

Alors qu'il existe des littératures suisse, belge, suédoise, norvégienne, etc., jusqu'à 1920, il n'existe pas à proprement parler de littérature canadienne. *L'Ordre* fondé par Olivar Asselin, puis *La Relève*, en 1934, vont grouper des écrivains, les encourager, les pousser à créer une œuvre véritablement canadienne. Pour cela, il faut cesser de penser en provinciaux. Le groupe de *La Relève* s'efforce de se libérer patiemment. Il lui faudra dix ans pour réussir. Mais il sortira de cet effort une littérature humaine. Si nous insistons sur ces deux mouvements, c'est qu'ils constituent des centres de discussion, de travail, d'entraide et qu'ils demeurent. À côté de ces mouvements, de ces écoles si l'on y tient, d'autres groupes se forment. L'émulation agit; la pensée rayonne. Vers 1940, les lettres bourdonnent d'une activité fébrile. Plusieurs écrivains, et des meilleurs, ont cependant travaillé seuls. Ils n'en ont que plus de mérite, tels sont les écrivains de la génération de Ringuet et de Desrosiers. Ces deux derniers ont été édités à Paris avant la guerre.

En 1940 commencent à apparaître les premières maisons d'édition canadiennes. Dès la première année, les manuscrits affluent. Ces manuscrits sont l'œuvre de jeunes qui n'ont pas été à l'étranger. Ils se sont trouvés eux-mêmes. Leur technique est le fruit de longues méditations sur les œuvres de leurs devanciers français, russes, américains. Le même phénomène s'est produit chez les Canadiens anglais où il a fallu attendre des écrivains libérés de l'influence uniquement anglaise pour avoir des œuvres qui se tiennent et méritent une place dans la littérature universelle.

Ainsi se prépare entre la France et le Canada, entre l'Angleterre et les Canadiens anglais une collaboration féconde, sur un pied d'égalité, une entente culturelle à base d'échange et d'émulation, une littérature dépassant les territoires politiques et se rejoignant sur les sommets humains, universels.

Cette collaboration, des écrivains français commencent à en parler: M. Étienne Gilson, M. Georges Duhamel, d'autres aussi. «Le monde canadien, écrivait M. Duhamel au retour de son voyage au Canada, est une branche de l'arbre français, une branche robuste et qui semble maintenant séparée du tronc original par une épaisse muraille: une branche quand même et qui fait honneur à l'arbre, à la vitalité de l'arbre.»

M. Gilson, qui cite cette phrase, veut aller plus loin. C'est qu'il nous connaît mieux. M. Duhamel n'a eu avec nous qu'un contact superficiel : il a lu *Au pied de la pente douce* et il en a fait un bel éloge ; entre deux rendez-vous, il a causé avec quelques jeunes écrivains, il a assisté à un déjeuner de l'Académie canadienne-française...

M. Gilson, lui, a vécu au Canada, il a une autre conception de la vie canadienne. «Le Canada, écrit-il, (dans *Le Monde*, 6 janvier 1946) se souvient de bien des choses, car non seulement il a une mémoire, il en est une. Il se souvient d'abord d'avoir été une branche de l'arbre français, mais aussi d'en avoir été coupé, puis, laissé sur le sol, d'y avoir tout seul pris racine, d'avoir vécu sans nous, grandi sans nous, conquis par son seul courage, par sa seule perspicacité et par une continuité de vues qui ne nous doit rien le droit à sa propre langue, à ses propres méthodes d'éducation et à sa propre culture. Si nous sommes l'arbre, jamais arbre ne s'est moins soucié de sa branche. Qu'il s'en soucie aujourd'hui, rien de mieux, mais ce qu'il retrouve, après l'avoir si longtemps négligé, ce n'est plus une branche, c'est un arbre : un arbre de même espèce que lui, mais un autre arbre qui est un arbre comme lui. »

« (...) La culture canadienne-française ne doit qu'aux Canadiens de survivre et de fructifier. Ni empruntée, ni parasite, et autrement que la nôtre, mais exactement au même titre que la nôtre, elle est française de plein droit. »

Ces paroles de M. Gilson sont de celles qui nous font espérer qu'une collaboration est possible avec la France et s'il ne dépend que de nous, on peut dire qu'elle existe déjà.

M. Jean Cassou

Dans le numéro du 21 juin 1946 des *Lettres françaises*, M. Jean Cassou, sous le titre de *Maurrassisme impénitent*, répondait à mon article intitulé « Pourquoi ces querelles » :

> M. Robert *Charbonneau, dans la revue canadienne* La Nouvelle Relève, s'étonne de l'indignation exprimée ici-même par des écrivains français contre la publication, au Canada, de livres d'auteurs condamnés tels que Maurras. Cette publication, d'après M. Charbonneau, déplaît à des « fanatiques ». Entre parenthèses, ce reproche de fanatisme adressé à des adversaires de Maurras est assez inattendu. M. Charbonneau, au reste, nous assure, et dans les termes les plus émouvants, de sa

> *ferveur et de celle des Canadiens pour la culture de la France. Nous savons la part que nos frères canadiens ont prise à nos deuils et à nos espérances; nous savons que notre littérature, c'est-à-dire notre expression et notre destin spirituels ne sont pas seulement chose nôtre, mais leur. Néanmoins, cette sympathie ne les entraîne pas à s'introduire dans ce qu'ils regardent comme nos querelles intérieures, et c'est toute la littérature française, y compris Maurras, qu'ils prétendent demeurer libres d'aimer.*

J'avoue que je ne vois pas ce que peut avoir d'inattendu «ce reproche de fanatisme adressé à des adversaires de Maurras», le fanatisme étant une tendance de l'esprit qui n'a rien à voir avec l'objet qui l'inspire. Mais M. Cassou se charge quelques lignes plus loin de donner une nouvelle preuve de ce que j'appelle son fanatisme. La voici:

> *Mon Dieu! on peut bien reconnaître du talent à un adversaire politique ou philosophique... Non. Maurras n'est pas un adversaire politique, ni philosophique. Ce n'est pas un adversaire de mes idées. C'est un ennemi de mon pays. Et je ne lui ai jamais reconnu de talent. On ne peut reconnaître de talent à ce qui, par essence, est une aberration.*

Sur le plan judiciaire, aucune discussion n'est possible. Si M. Cassou juge que Maurras est un ennemi de son pays, c'est une question pour les tribunaux; mais quel que soit le verdict, il ne saurait engager le talent.

Mais comment M. Cassou ne comprend-il pas que les raisons qu'il allègue pour brûler les ouvrages de Maurras ou d'autres sont celles dont se réclamait avant lui Hitler: «Ennemis de mon pays», «rejetés de notre communauté nationale»? Maurras a été jugé par des tribunaux mais son œuvre, comme celle des autres «collaborateurs», n'est pas justiciable des mêmes tribunaux.

À des idées, ce n'est pas par le fer et par le feu qu'il faut répondre, mais par des idées.

Hier, tout le monde s'accordait pour condamner l'Inquisition et les autodafés, ce n'est pas pour qu'on recommence en 1946.

La Nouvelle Relève, octobre-novembre 1946

CRISE DE LA LITTÉRATURE CANADIENNE ?
RÉPONSE À M. RENÉ GARNEAU

M. René Garneau est un écrivain de race, un critique intelligent et éclairé, doué au surplus du don de sympathie. Aussi est-ce avec le plus vif intérêt que nous avons lu, puis relu l'article qu'il vient de consacrer à la crise de la littérature canadienne dans le supplément littéraire du *Canada*.

Laissons M. Garneau poser lui-même le problème. Il constate tout d'abord qu'il y a une crise de la littérature canadienne et, ajoute-t-il, «c'est une crise d'orientation».

> *Un groupe intéressant de jeunes écrivains de langue française, continue-t-il, veut qu'une littérature autonome naisse avec lui. C'est sur le plan littéraire la transposition de la rivalité sur le plan politique entre grandes, petites et moyennes puissances.*

M. Garneau tente ensuite d'expliquer, par «certaines désillusions qui ont suivi la reprise des contacts» avec la France, ce désir d'autonomie.

Ayant ici même parlé de littérature autonome et examiné en deux ou trois articles les conditions de sa réalisation, je me permettrai quelques remarques en marge de l'article de M. Garneau.

Tout d'abord précisons que, quelle qu'ait été à notre égard l'attitude des Aragon, des Duhamel et des Sartre, elle n'est pour rien dans notre désir de promouvoir une littérature qui cherche ses techniques, son inspiration et ses critères à Montréal plutôt qu'à Paris et qui se réserve, dans la mesure où toutes les techniques vivent d'échange, de choisir aussi bien «dans le vignoble californien de M. Steinbeck» que «dans le vignoble racinien», qui ne dédaigne pas à l'occasion de s'allier au vignoble californien.

Il s'agit de quelque chose de plus important que d'une querelle entre les écrivains français et leurs confrères canadiens, c'est sur le plan de la culture française que le problème se pose. Toute la querelle est entre ceux qui ne veulent voir dans le Canada français, selon la formule de Gilson*, qu'une branche de l'arbre français et ceux qui, avec M. Gilson, croient que ce sont deux arbres distincts, d'une même famille mais ayant chacun sa vie propre et des fins différentes. Ainsi les États-Unis vis-à-vis de l'Angleterre.

> Pour bien marquer leur scission avec la *France,* dit M. Garneau, *ils invoquent leur parenté spirituelle avec les écrivains américains. Or on croyait que c'était l'autonomie qu'ils voulaient.*

L'auteur se fait la partie facile. Veut-il laisser entendre que M. Sartre est moins français parce qu'il se met à l'école de John Dos Passos; que (pour donner quelques exemples tirés de plus loin) Dostoïevski était moins russe parce qu'il avait pratiqué George Sand, Balzac, Victor Hugo, romancier et Eugène Sue; que

---

* Il faut lire ici «selon la formule de Duhamel» comme l'indique Gilson plus loin (*La France et nous,* p. 78). (*Note de la préfacière*).

Racine et Corneille étaient moins français parce qu'ils empruntaient aux Grecs ou aux Espagnols non seulement la technique mais jusqu'à la trame de leurs pièces? Si on faisait l'arbre généalogique de chacun des écrivains, on trouverait à tous des parentés spirituelles étrangères. Le défaut des Canadiens a peut-être été jusqu'ici qu'ils n'ont voulu avoir qu'un seul parent ou qu'ils les ont choisis (puisque dans ce domaine on choisit) du même sang, jusqu'à l'épuisement presque complet de ce sang.

Pourquoi, nous qui possédons deux langues, attendrions-nous, pour nous enrichir de la substance des écrivains américains ou anglais, qu'ils aient été traduits et assimilés par les Français? Ne pouvons-nous manger que de la bouillie sous prétexte de ne pas nous quereller avec les Français? Résigné à ce que notre littérature reste une littérature de provinciaux, osons le mot, de coloniaux, M. Garneau reprend:

> On a beau retourner les éléments de la question, on ne sort pas de la zone d'influence d'une grande puissance littéraire. Si ce n'est pas la France ce sera l'Amérique.

Mais oui, Monsieur Garneau, on en sort. La preuve, c'est que la Russie en est sortie, c'est que les États-Unis en sont sortis, c'est que l'Amérique du Sud en est sortie. Et si les Russes sont sortis de la zone d'influence allemande et française, les États-Unis de la zone anglaise, les pays d'Amérique du Sud de la zone espagnole, c'était pour acquérir une autonomie que personne aujourd'hui ne songe à mettre en doute.

Les arguments de M. Garneau sont ceux que toute l'élite russe a sortis contre Dostoïevski. M. Garneau me dira que les pays que j'ai mentionnés ont une population supérieure à la nôtre. Cela est vrai, mais le talent d'un écrivain, son indépendance spirituelle ne dépendent pas, que je sache, du nombre de ses compatriotes. Et c'est ici que les traductions interviennent. Si nous créons vraiment des œuvres originales et profondément canadiennes, elles pourront être traduites, leur rayonnement en sera centuplé.

M. Garneau peut se moquer des best-sellers. Mais il n'est pas beaucoup d'écrivains français ou anglais qui ne seraient prêts à donner leur bras droit, quelques-uns même leur œil, pour connaître aux États-Unis, dans une traduction, le succès de *Arch of Triumph* ou de *Brideshead Revisited*. Interrogez les éditeurs américains et vous apprendrez que, si certains grands écrivains n'ont pas été traduits, ce n'est pas faute d'efforts de leur part.

M. René Garneau se demande quel profit nos écrivains trouveraient à l'audience des Américains.

> *Ceux-ci n'aiment pas la littérature, continue-t-il, et ils ne l'entendent pas dans le même sens que lui donnent même les plus passionnés de nos autonomistes de l'écritoire.*

Laissons parler les faits. Si les Américains n'aiment pas la littérature, comment expliquer les succès obtenus par des écrivains comme Hemingway, Steinbeck, Faulkner, Caldwell, John Dos Passos, Thomas Wolfe, Eugène O'Neill, etc., dont les ouvrages, qui transportent aujourd'hui d'émoi les Français, ont rapporté dans presque tous les cas des fortunes à leurs auteurs ? Mais ce n'est pas tout. Comment expliquer encore que les succès de librairie connus par les écrivains anglais Evelyn Waugh, Somerset Maugham, Graham Greene, etc., aient dépassé aux États-Unis les plus forts tirages obtenus dans leur pays ou ailleurs ? On pourrait encore citer les cas de Thomas Mann, de Franz Werfel, d'Erich Maria Remarque, de Sholem Ash qui, si je suis bien informé, sont traduits sur le manuscrit et sont publiés originairement aux États-Unis.

Aujourd'hui, un écrivain européen se juge consacré quand il est publié à New York. Pourquoi les Canadiens, à la condition qu'ils en aient la chance, refuseraient-ils la gloire mondiale que peut seule leur donner l'édition américaine? Pourquoi n'ambitionneraient-ils pas d'être édités dans ces conditions?

Le marché naturel des ouvrages canadiens, c'est le Canada. La publication en Europe, à Paris, où les Parisiens ne s'intéressent qu'à ce qui est français ou a été traduit, à Londres, à Amsterdam ou à Moscou, n'est qu'un accident susceptible d'arriver à la veille d'une guerre ou dans les premiers mois qui succèdent à une victoire des Alliés. Ne nous faisons pas d'illusion. Le Français, sauf quelques grandes et généreuses exceptions, est l'homme qui ne connaît pas les étrangers. Il consent à les découvrir une centaine d'années après leur mort quand il peut en enrichir «les vignobles raciniens». Au contraire, le peuple «qui n'aime pas la littérature» accueille avec intérêt tout ce qui lui paraît mériter son attention à l'étranger.

Si la littérature a une tendance à devenir universelle, il semble que ce soit actuellement par le truchement de la langue anglaise et par l'édition américaine qu'elle le deviendra.

L'Europe est trop vieille, trop satisfaite d'elle-même, trop habituée à ce qu'on vienne à elle, qu'on s'agenouille devant ses ruines et ses monuments; elle a peut-être trop souffert pour être encore accueillante.

Les Canadiens ont donc à choisir entre quelques brimborions que la France, inspirée par le Foreign Office, consentira à leur décerner à la veille d'une guerre et les États-Unis qui, n'ayant besoin de personne,

« n'aiment pas la littérature » mais accueillent tous les talents, les recherchent même et parfois les couvrent de gloire.

M. Garneau est trop intelligent pour douter qu'il puisse exister une littérature canadienne d'expression française qui ne doive pas plus à la France que M. Sartre, M. Romains ou d'autres ne doivent aux États-Unis ou à l'Angleterre. Et il a raison de dire que cette littérature, si elle est universelle, sera à la gloire de la culture française, cette culture que nous ne devons pas aux écrivains français vivants, mais à ces écrivains universels qui sont notre patrimoine commun avec la France, comme Dickens, Dostoïevski, Balzac appartiennent au patrimoine commun de l'humanité.

26 novembre 1946

LETTRE AUX ÉCRIVAINS

Depuis 1939, parallèlement au développement de l'édition, la littérature a pris un essor considérable au Canada. Ce n'est pas une coïncidence. L'édition remplit dans la vie des lettres une fonction essentielle qui est de découvrir, d'encourager et de lancer les écrivains puis de faire rayonner leurs œuvres dans le monde entier. Cette tâche requiert une collaboration étroite entre l'éditeur et l'écrivain.

La tentation peut être grande aujourd'hui pour un écrivain canadien de confier ses manuscrits à un éditeur étranger. En le faisant, l'écrivain canadien étend son public. Mais le résultat de son geste est d'affaiblir l'édition canadienne et, comme conséquence lointaine, de saper une industrie qui est à son service et qui le restera quand l'engouement de l'étranger sera passé.

En effet, si l'écrivain canadien doit être publié à l'étranger, c'est au Canada qu'il doit faire ses preuves. Nombre de Canadiens, avant la guerre, adressaient des manuscrits à des maisons parisiennes et ces manuscrits n'étaient souvent pas lus. Cela se comprend. Dans un pays où il se publie des centaines d'ouvrages par mois, le manuscrit d'un auteur canadien inconnu aura peu de chances d'attirer l'attention d'un éditeur. Et, s'il réussit à passer le comité de lecture et à être publié, il entrera en concurrence avec des centaines d'écrivains mieux connus.

La situation n'est pas la même en ce moment. Paris s'intéresse aux écrivains étrangers parce que la production française est un peu monocorde et aussi à cause de l'engouement d'un public séparé pendant cinq ans du reste du monde.

Mais cette situation ne saurait durer. Et d'autre part, les éditeurs parisiens s'intéressent surtout aux écrivains canadiens qui se sont déjà fait une réputation dans leur pays.

Si les écrivains continuent de publier d'abord leurs ouvrages au Canada, rien n'empêchera que ces ouvrages soient vendus, ce qui est préférable, ou même réédités en France. Dans ce cas, l'industrie canadienne, qui doit compter sur les écrivains de ce pays, et qui est d'abord à leur service, continuerait de se développer.

La Nouvelle Relève, janvier 1947

Prépondérance du roman

Au moment où paraissent aux États-Unis les romans d'Arthur Koestler, à Montréal les romans de Victor Serge (*Les Derniers temps* et bientôt *L'Affaire Tou-*

laef) pour ne mentionner que deux des plus puissants créateurs de notre époque, au moment où Paris réédite John Dos Passos, Ernest Hemingway, John Steinbeck et même James Cain, Henry Miller et Dashiell Hammett, le plus intelligent des critiques littéraires français, Claude-Edmonde Magny[1], commentant un article de Hoog paru dans *Carrefour* écrit :

> On pourrait aller un peu plus loin encore que ne le fait *Hoog dans cet article intitulé* Où meurt le roman, *et dire* «*Nous avons des poètes, des essayistes, des philosophes, des critiques. Nous n'avons plus de romanciers. Mais nous avons des auteurs de nouvelles.*»

Il semble en effet se produire, dans l'Europe désorganisée et désemparée de l'après-guerre, un phénomène de régression des arts. Et l'Amérique se trouve par rapport aux vieux pays dans la situation inverse de celle où elle se trouvait il y a cent ans. Alors, l'Amérique luttait pour sa vie, dépensait ses énergies à s'adapter et à s'organiser, créant à la fois sa philosophie nouvelle et les traditions qui lui manquaient.

L'Europe, riche de traditions culturelles centenaires, appuyée sur les civilisations grecques et latines, gardait avaricieusement l'hégémonie de la création. Plus que les guerres et leur cortège de malheurs, le déclin de la culture européenne est venu de la conscience des Européens de leur impuissance à créer. Cette conscience est apparue avant la première grande guerre ; elle a pris les formes corrosives du surréalisme et du décadentisme, drogues dangereuses pour des peuples vieux alors qu'elles n'étaient qu'une maladie de croissance et d'imitation en Amérique.

---

1. *Poésie 46*, n° 34, août-septembre.

Ce jeu a mené l'Europe à l'absurdisme. Et alors que l'Amérique accède à l'âge de la création, l'Europe retourne en arrière.

La création littéraire est le signe de la vitalité d'un peuple. La crise que traverse l'Europe paraît malheureusement une crise d'épuisement. Quant à juger impossible de créer des mondes imaginaires parce que les structures sociales manquent de stabilité, ce n'est pas très fort. N'est-il pas aussi absurde de fonder des philosophies dans un monde qui se meurt que d'écrire des romans ? D'ailleurs, parmi les essayistes et les penseurs des temps nouveaux, on compte beaucoup de pseudo-Valéry et d'Alain mais peu de Montaigne, de Descartes ou de Pascal.

L'engouement des Français pour le roman américain à un moment où la France ne produit plus de romanciers indique à la fois que le peuple n'a pas perdu le sens des valeurs et qu'il est prêt à les demander à l'étranger s'il ne peut les trouver chez lui. Il implique en outre que les Français ont fait fausse route depuis cinquante ans.

Pour nous, qui avons cessé de croire que l'Europe est le centre d'où partent toutes les impulsions artistiques, la crise du roman en France ne présage pas un affaiblissement de l'esprit de création dans le monde.

D'ailleurs, un peuple comme le peuple français possède de grandes, d'inépuisables ressources. L'histoire, la critique, l'essai et même les ébauches de philosophies (indépendamment de leur valeur scientifique ou de pensée), quand ils prennent la première place dans une littérature, c'est que celle-ci marque le pas, récupère ses énergies en vue de la création qui est la forme la plus complète de l'art.

La réponse de M. Aragon à mon article intitulé «Crise de la littérature canadienne» parut le 17 janvier 1947 dans *Les Lettres françaises* sous le titre de «Crise de l'esprit critique au Canada». M. Aragon écrivait:

> *Dans le numéro d'octobre-novembre de* La Nouvelle Relève, *revue de Montréal, l'éditorialiste M. Robert Charbonneau parle de la Crise de la littérature canadienne. C'est avec intérêt que d'ici nous suivons les débats qui peuvent se poursuivre entre les écrivains canadiens sur la littérature. S'ils doivent ou non s'orienter «sur Paris ou sur Montréal», comme on en débat, est leur affaire et non la nôtre, quel que soit le désir légitime que nous avons ici de voir se perpétuer des liens tout spirituels qui unissent traditionnellement Canadiens et Français.*
>
> *Si donc je relève ici une phrase de Robert Charbonneau dans son article, c'est plus pour ce qui touche les personnes que pour ce qui est de l'esthétique. Robert Charbonneau écrit:*
>
> Tout d'abord précisons que, quelle qu'ait été à notre égard l'attitude des Aragon, des Duhamel et des Sartre, elle n'est pour rien dans notre désir de promouvoir une littérature qui cherche ses techniques, son inspiration et ses critères à Montréal plutôt qu'à Paris et qui se réserve, dans la mesure où toutes les techniques vivent d'échange, de choisir aussi bien « dans le vignoble californien de M. Steinbeck » que « dans le vignoble racinien » qui ne dédaigne pas à l'occasion de s'allier au vignoble californien.

Répondant à cette citation, M. Aragon continue:

> *Mais enfin, on trouvera bon aussi que je parle un peu de ce qu'ont ou n'ont pas à me reprocher les écrivains canadiens. Je me suis borné, ici-même, à rappeler toutes les raisons historiques que nous avions de tenir à l'amitié canadienne, et c'est en raison de cette amitié même, du sang périodiquement*

> *versé par les Canadiens pour l'indépendance de
> notre sol, que j'ai dit mon indignation, ma tristesse
> à voir au Canada, dans les journaux, les revues, les
> éditions, la place donnée aux écrivains qui ont de
> 1940 à 1944 trahi la France, et se sont faits les
> thuriféraires de l'occupant, de la collaboration.
> Maurras, Massis, par exemple. Je vais plus loin : je
> regrette que l'obstination à tenir pour certains écri-
> vains, contre le devenir historique de ces écrivains,
> entraîne des hommes qui parlent la même langue
> que nous à ne plus comprendre — non pas les
> écrivains français, mais la France, la France telle
> qu'elle est.*

M. Aragon s'en prend à Berthelot Brunet et reprend la
querelle où l'avait laissée M. Cassou.

> *Il est clair qu'à Montréal les mots* courage *et*
> franchise *n'ont plus leur sens traditionnel pour tout
> le monde : pendant quelques années, le courage et
> la franchise en France consistaient à appeler les
> Allemands des Boches, et à agir en conséquence.
> L'éloge fait sous l'Occupation en France et aujour-
> d'hui au Canada de Drieu La Rochelle semble
> relever d'autres vertus...*

Mais c'est ici que M. Aragon laisse percer son mépris
pour les Canadiens français.

> *Je suis sûr que nos amis canadiens me compren-
> dront si je dis qu'en face de ce dénigrement
> systématique de la littérature française qui va de
> pair avec les éloges prodigués à de tels partis pris,
> nous entendons ici conserver nos partis pris fran-
> çais, les mêmes qui valaient pendant l'Occupation
> comme en 1946, et qui ne peuvent être mode que
> pour ceux-là qui ne savent pas plus ce que signifie*
> courage *ou* franchise *que* mode ; *et que nous
> sommes persuadés que ces partis pris-là valent à
> la fois pour Montréal et pour Paris.*
> *Car en dehors d'eux il ne saurait y avoir d'amitié
> franco-canadienne ce que je me refuse à envisager.*

M. Aragon et l'amitié franco-canadienne

Dans un article intitulé «La crise de l'esprit critique au Canada» paru dans le dernier numéro des *Lettres françaises*, M. Louis Aragon prend prétexte d'un de mes articles récents pour insulter les Canadiens français. M. Aragon fut naguère un insulteur professionnel et ses crachats n'épargnèrent ni la religion, ni sa patrie, la France. La guerre a passé là-dessus; M. Aragon a accepté un joug plus dur que celui que lui imposait, avant la guerre, sa qualité de Français.

Il va sans dire que M. Aragon, comme M. Jean Cassou d'ailleurs, qui me fit, il y a quelque temps dans le même hebdomadaire, l'honneur de ne pas me comprendre, répond à côté de la question et profite de l'occasion pour déclamer, avec accompagnement de musique attristée, des professions de foi politiques plutôt que littéraires.

Sur ce ton, si nous voulions nous vanter, nous pourrions nous aussi dire ce que nous avons fait pour la France — non pas en réparation d'injures, car nous ne l'avions jamais reniée et bafouée — et prendre des grands airs pour discuter des questions littéraires.

Ne confondons pas la politique et la littérature. La pensée engagée se ressent trop souvent de certains mots d'ordre. Certes, nous n'avons pas les mêmes allégeances que M. Aragon, ce qui ne signifie aucunement «qu'à Montréal les mots *courage* et *franchise* n'ont plus leur sens traditionnel pour tout le monde». Cela signifie peut-être que ces mots n'ont pas le même sens quand on les voit à travers les verres colorants de l'esprit du Parti, comme le fait M. Aragon.

Cet écrivain, qui est peut-être le moins qualifié, en raison de son passé, pour parler au nom de la France, peut «conserver (ses) partis pris français, les mêmes qui valaient pendant l'Occupation», c'est son droit. Mais si «en dehors d'eux, il ne saurait y avoir d'amitié franco-canadienne», cette condition me paraît personnellement inacceptable et je doute que les autres Français et les Canadiens y souscrivent. M. Aragon a la liberté de porter des œillères, mais vivant dans un pays libre, nous pouvons et nous devons refuser de l'imiter. Cette volonté d'imposer ses passions et ses partis pris à des étrangers en échange de son amitié — dont il n'est pas certain que nous voulions — caractérise bien l'écrivain engagé qui a abdiqué tout sens critique.

Québec, 27 janvier 1947

Discours prononcé au congrès
de la Société des éditeurs canadiens

Au cours des vingt dernières années, les écrivains canadiens se sont affirmés dans toutes les disciplines, et particulièrement dans le roman qui, avec le théâtre, est peut-être le seul genre qui puisse connaître une diffusion universelle, qui, fondé sur l'homme et inscrit dans une époque, ne connaît dans l'espace aucune frontière et transcende le temps par ce que toute œuvre d'art a d'éternel.

Notre littérature a franchi la dernière étape, celle qui précède son entrée dans la littérature universelle et les éditeurs peuvent d'autant plus se réjouir de ce fait que, modestement, ils peuvent se féliciter d'y avoir contribué.

Certes, le roman et le théâtre ne constituent pas toute la littérature de création. Il y a la poésie, limitée dans l'espace parce qu'elle se refuse à la traduction, mais qui n'en est pas moins grande ; il y a l'histoire, les essais, la critique, les ouvrages à base scientifique ou politique qui sont souvent des œuvres d'art quand ils s'élèvent au-dessus de ce que l'actualité et les sciences peuvent avoir d'éphémère.

Mais si j'insiste sur les ouvrages de création, c'est que, dégagés du temporel et de l'action, ils sont plus aptes aux échanges entre pays, qu'ils sont au premier chef des œuvres d'art.

Alors qu'avant 1935 les écrivains d'imagination étaient rares, aujourd'hui, il faut plutôt conseiller aux jeunes de remettre leur ouvrage sur le métier, de se perfectionner. Parmi ces jeunes, plusieurs seront demain de grands écrivains. L'éditeur éclairé qui les sait doués doit plutôt modérer leur ardeur que la stimuler.

Plusieurs facteurs ont influencé cette renaissance littéraire : une plus grande indépendance politique et économique ; des conditions matérielles et spirituelles plus favorables ; enfin le goût de jour en jour plus grand des Canadiens pour les choses de l'esprit. Mais, parmi ces facteurs, il en est un qui nous intéresse particulièrement et qui, à mon avis, est un des plus importants, c'est le développement de l'édition canadienne.

Le peuple canadien est-il conscient de ce fait ? Si le chiffre des tirages peut être admis comme preuve, nous pouvons répondre affirmativement. Mais, au Canada français, nous avons souffert et nous souffrons encore d'un sentiment d'infériorité devant l'œuvre d'art, devant les ouvrages signés par des Canadiens.

Combien de gens ont encore honte d'avouer qu'ils lisent des ouvrages d'imagination ? Il fut un temps où notre peuple créait ce pays, devait se montrer tous les jours sur la brèche pour repousser les attaques de l'ennemi. Nous eûmes ensuite à conquérir nos libertés. Ces époques sont peu favorables à la culture intellectuelle. Elles sont des périodes d'action. Mais ensuite? Ensuite, nous avons été retenus de lire des ouvrages d'imagination par un reste de jansénisme. Il ne faut pas oublier que longtemps, nos ancêtres, appuyés sur Bossuet, condamnaient avec lui la peinture des passions.

Combien de ceux qui rougissent de lire des romans ou de la poésie, sous prétexte que ce n'est pas là une occupation sérieuse, réfléchissent qu'en disant cela, ils portent un jugement défavorable sur leur culture, que les ouvrages d'imagination ne sont pas uniquement un divertissement et que la substance d'un livre, les idées qu'il éveille ne sont pas en proportion des faits relatés? Il semble que, de plus en plus, ces préjugés tendent à disparaître et nous serons vraiment civilisés le jour où notre «élite» n'aura pas honte de lire des ouvrages qui l'éclairent sur l'homme et sur la vie au même titre que ceux qui la renseignent sur la politique ou l'économie. Les éditeurs dans ce domaine ont eu conscience de leurs responsabilités, et, en mettant à la disposition des jeunes les chefs-d'œuvre de la littérature enfantine, ils aident à former des hommes qui goûteront les choses de l'esprit.

Mais ce complexe d'infériorité devant les œuvres d'art n'est pas le seul obstacle à l'épanouissement d'une littérature plus vivante. Il y a aussi notre sentiment d'infériorité devant les ouvrages signés par des Canadiens. La phrase: «Je ne lis pas d'écrivains canadiens», qui correspond à cette autre: «Au Canada, on ne peut rien faire de bon», ou «Comment rivaliserions-nous avec les étrangers?», n'éveille plus le même écho qu'il y a une vingtaine d'années.

Et à ce propos, nos écrivains du passé portent une certaine part de la responsabilité. Il a manqué à nombre d'entre eux, surtout avant la guerre, le courage de reconnaître qu'ils étaient Canadiens et de s'accepter tels. Certains, se considérant comme des exilés de luxe dans leur propre pays, méprisaient leurs compatriotes et n'aspiraient qu'à aller vivre à Paris. Quelques-uns y sont allés. Qu'ont-ils produit là-bas? Tous les peuples ont eu de ces écrivains méconnus, qui dissimulaient sous un sourire méprisant leur impuissance à créer.

Si nos écrivains veulent qu'on les lise et qu'on les suive, s'ils veulent s'imposer partout, ils doivent d'abord être Canadiens. Il est ridicule de penser que le talent a été exclusivement départi à un peuple plutôt qu'à un autre ou qu'on peut s'élever au-dessus de ses compatriotes en traversant l'Atlantique. Vingt, trente démentis, en ces dernières années, répondent à cet argument.

Quant à l'objection de la langue, elle n'est pas moins ridicule et les faits le prouvent. Les Américains sont aujourd'hui le peuple qui compte le plus grand nombre de grands écrivains vivants; on les imite, on les traduit à Paris. Et pourtant, les Américains n'ont pas inventé l'anglais. Le jour où ils ont rompu avec l'Angleterre, ils ont considéré la langue anglaise comme s'ils étaient les seuls à la parler et ils ont créé. Il en est de même dans l'Amérique du Sud, où la littérature est plus vivante et plus féconde qu'en Espagne.

Quelles objections trouvera-t-on encore pour nous décourager? Nos écrivains sont traduits aux États-Unis et réédités en France. Et ces écrivains sont les plus authentiquement canadiens. Ce sont ceux qui se sont acceptés et qui ont compris que tous nos regrets, tous nos efforts de dénigrement ne nous ferons pas autres que nous sommes.

Quant au milieu, est-il plus difficile pour nous de suivre de Montréal que de Paris, Joyce, un Irlandais ; Kafka, un Tchèque ; Dos Passos et Faulkner, des Américains, et Jean-Paul Sartre ? Et ces écrivains, ce n'est pas moi qui les ai choisis. Je les cite de la revue parisienne *Les Lettres* où je les trouve sous la plume de Gaétan Picon qui écrit textuellement : «Ceux qui donnent le ton au roman actuel (Joyce, Kafka, Dos Passos, Faulkner, Sartre)». Ces écrivains qui donnent le ton au roman français nous sont aussi accessibles qu'aux autres dans leur technique, la seule qu'un écrivain peut emprunter à un autre.

Nos écrivains n'ont qu'à continuer comme ils ont commencé. Ils n'ont qu'à être canadiens et à chercher leur technique non dans un seul pays, ni à travers un seul pays, mais partout. À cette condition, ils garderont leur place dans la littérature universelle.

C'est à nous, éditeurs, qu'il appartient, comme aux écrivains, de rendre le public conscient de cette force que représente, pour un peuple, une littérature autonome.

Carrefour, 18 février 1947

QUOI QU'EN DISENT ARAGON ET CASSOU
LES CANADIENS FRANÇAIS NE SONT PAS DES TRAÎTRES

M. Louis Aragon a publié, dans *Les Lettres françaises*, sous le titre «La crise de l'esprit critique au Canada», un article maladroit et insultant pour les Canadiens français.

Le Canada, pays de douze millions d'habitants, dont un tiers sont d'origine française, est un pays bilingue et d'allégeance britannique qui, depuis 1763, n'est plus lié à la politique, à l'économie, ni à l'évolution morale et philosophique de la France. Si les sources culturelles sont les mêmes jusqu'à la fin du XVIIIe siècle, la filiation ne s'étend plus au-delà que sous forme d'emprunt. Des Français qui nous connaissent ont constaté ce fait, notamment M. Étienne Gilson qui écrivait dans *Le Monde* (6 janvier 1946):

> *La culture canadienne-française ne doit qu'aux Canadiens français de survivre et de fructifier. Ni empruntée ni parasite, et autrement que la nôtre, mais exactement au même titre que la nôtre, elle est française de plein droit.*

Cela, tous les Canadiens le savent et, s'ils sont heureux de l'entendre répéter par un penseur comme M. Gilson, c'est qu'ils espèrent que sa voix portera plus loin que leurs œuvres dans cette France qu'ils aiment profondément, mais qui, on vient de le voir dans les articles de MM. Aragon et Cassou, ne nous comprend pas.

Certains Français qui vivent à Montréal ou à Québec, nous entendant parler la même langue, admirer leurs écrivains, nous voyant lire leurs journaux et leurs revues, se croient dans une province française et sont surpris que nous ayons sur eux, sur leur politique, sur leur littérature, des jugements d'étrangers.

Nous ne sommes pas des Français; notre vie en Amérique, nos relations cordiales avec nos compatriotes de langue anglaise et les Américains, notre indépendance politique, nous ont faits différents. Nous sommes fiers d'être canadiens.

Dans ces conditions, tout en reconnaissant ce que nous devons à la culture française, nous ne pouvons partager toutes les passions des Français. Cependant, dès le lendemain de la déclaration de guerre, *La Nouvelle Relève* a publié un article où tout notre groupe d'écrivains disait sa foi dans la France. Après le désastre, *La Nouvelle Relève* s'est rangée avec MM. Maritain, Bernanos et Laugier du côté du général de Gaulle. Je ne mentionnerais pas ces faits, si MM. Cassou et Aragon ne laissaient entendre que nous avons défendu des traîtres.

Pendant toute la durée de la guerre, nous n'avons pas publié un seul ouvrage qui pût le faire penser. Cependant, en avril 1946, j'ai cru devoir m'élever contre l'ostracisme dont M. Cassou et ses amis voulaient frapper, même au Canada, la discussion littéraire des ouvrages d'écrivains comme Henri Massis, Henry de Montherlant, Drieu La Rochelle et Léon Daudet.

« La France, ai-je écrit dans un article intitulé "Pourquoi ces querelles" (avril 1946), a eu et garde toute notre sympathie, mais nous devons refuser de suivre une partie des Français dans l'intolérance, la division, la haine... Tant que la France fut sous le joug allemand, la littérature de la résistance de l'intérieur comme de l'extérieur, pour nous, avait un sens. C'était la résistance à l'ennemi. Elle n'était pas l'expression d'un clan politique qui, quel que soit son mérite, n'a pas une doctrine d'exportation. Ceux qui ont admiré, avant la guerre, un Maurras, un Bainville, un Massis, etc., ne l'ont pas fait parce qu'ils rêvaient d'une restauration monarchique dans un pays qui n'est pas le nôtre, mais parce qu'il se trouvait que ces écrivains étaient d'éminents représentants de la pensée française. Qu'on le nie aujourd'hui ne change rien. Le fait que Maurras et les autres ont collaboré ne change rien à des œuvres publiées avant 1940. Je suis d'autant plus à l'aise pour parler de ces écrivains que, personnellement, à l'exception de Daudet, je n'en admire aucun et que, politiquement, je me trouvai sur les questions de la guerre d'Espagne, du communisme, etc., dans le camp opposé. »

Je ne puis que répéter ce que j'ai écrit au sujet des Allemands mais qui s'applique à tous ceux qui suivent leur exemple : «Brûler des livres ne sera jamais que l'aveu d'une impuissance, la réaction de barbares devant les choses de l'esprit.»

L'amitié franco-canadienne ne peut être au prix de l'abdication de notre liberté de lire et de commenter les ouvrages français, américains ou même allemands. Tout en admirant les vertus civiques des écrivains de la Résistance, nous refusons de reconnaître du talent à ceux qui n'en ont pas.

M. Aragon est partisan de l'autorité. Qu'il sache qu'il n'en a aucune sur nous. Si l'amitié franco-canadienne dépendait de conditions comme celles qu'il veut nous imposer et auxquelles je doute que les Canadiens et les autres Français souscrivent, nous devrions, à notre grand regret, y renoncer.

Jusqu'ici, si pénible que cela soit à écrire, nous n'avons jamais compté pour la France qu'en temps de guerre.

Nous voudrions qu'il en soit autrement, mais si nous offrons notre amitié sans condition, nous entendons bien n'en accepter aucune de MM. Aragon et Cassou.

Le Canada, 17 mars 1947

LE COURAGE DE M. ARAGON

Dans la livraison du 7 février de *Lettres Françaises*, Louis Aragon donne un exemple éclatant de ce qu'il entend par l'honnêteté intellectuelle, en «résumant» à l'usage de ses lecteurs les articles que Berthelot Brunet et moi-même avons publiés le 23 et le 25 janvier dans le journal *Le Canada*. Il se défend avec passion d'être un écrivain engagé, mais il se garde bien, pour continuer de tenir le beau rôle, de «résumer» l'essentiel de nos articles et de répondre à nos arguments.

Il n'a même pas le courage — c'est une qualité dont il parle pourtant beaucoup — de regarder la question en homme. Au lieu d'arguments, au lieu de faits, il évoque, dans le ton des couplets pompiers de ses derniers poèmes, les soldats canadiens morts pour la France. C'est bien typique d'Aragon, l'insulteur, de se cacher derrière des morts glorieux pour défendre sa position que tout le monde a depuis longtemps jugée.

Ce sont des écrivains comme Aragon, qui par le sentimentalisme inepte qu'ils mêlent à la discussion des choses littéraires, qui par leur empressement à monnayer en prestige et en autorité leur rôle dans la Résistance, font se détourner d'une partie de la littérature française contemporaine les étrangers qui ont gardé le sens des valeurs et pour qui la petite troupe des profiteurs de l'héroïsme ne sera jamais la France.

Action Universitaire, mars 1947

Littérature autonome

C'est le sort des polémiques prolongées de se grossir des passions qu'elles suscitent, au point de faire parfois oublier les idées qui en furent la cause. Tel est le cas de la polémique qui a éclaté, en février, entre *La Nouvelle Relève* et *Les Lettres Françaises*; qu'Aragon a reprise après Jean Cassou et qui, aujourd'hui, dans les articles qui continuent de paraître, n'a plus aucun rapport avec l'autonomie de notre littérature ou la liberté que revendiquait *La Nouvelle Relève*, pour nos éditeurs et nos critiques, de ne pas tenir compte des préjugés politiques français. Si la polémique a dévié, c'est Aragon qu'il faut en blâmer. Bien qu'il s'adressât à Berthelot Brunet et à moi-même, il réussit à provoquer une discussion générale en insultant le peuple canadien.

René Garneau, dans son article intitulé «Contre l'esprit d'isolement[2]», rattachant cette polémique et ses suites à l'incident des *Enfants du Paradis*[3], feint de voir, dans notre volonté de promouvoir au Canada une littérature autonome, un des aspects d'une offensive concertée contre la culture française. Dans son indignation, il parle de boycottage, d'asphyxie, etc.

Aucun des lecteurs sérieux de M. Garneau ne croira qu'il existe dans la province de Québec un mouvement anti-français. L'incident de Messières est un incident ridicule, qu'il est encore plus ridicule de magnifier au point d'en faire une tentative de boycottage des valeurs d'échange entre le Canada et la France.

D'ailleurs, si l'on porte attention au ton de l'article de M. Garneau, on voit qu'il est écrit, moins pour ses compatriotes, que pour la galerie composée de ses anciens auditeurs des ondes courtes. L'indignation de M. Garneau est, de toute évidence, une indignation de commande. On pourrait se demander comme ce personnage de comédie : Qui diable trompe-t-on ici ? Oui, quel

---

2. *Le Canada*, 3 mars 1947.
3. En 1947, le film de Marcel Carné, *Les Enfants du paradis*, a été interdit par la censure canadienne. Les protestations du conseiller culturel De Messières provoquèrent un incident diplomatique auquel Mauriac fait allusion (*La France et nous*, p. 83), ainsi que le rappelle Charbonneau dans sa réponse à René Garneau (*La France et nous*, p. 86). Au même moment, en France, Henry Miller est accusé d'obscénité ; en revenant sur cette affaire (*La France et nous*, p. 82), le polémiste entend montrer que le Canada n'a nullement le monopole de ce type de censure (*Note de la préfacière*).

intérêt peut avoir M. Garneau à faire croire à ses amis qu'il existe une offensive contre la culture française?

Et en quoi le fait de revendiquer l'autonomie de notre littérature et le droit pour les écrivains canadiens de regarder du côté américain autant que du côté français constitue-t-il une menace pour la culture?

S'il n'existe pas d'offensive contre la culture française, on devrait en susciter une contre l'esprit colonial français qui pousse certains écrivains canadiens à se considérer comme des exilés de marque dans leur pays, à ne vivre, à ne croire, à ne sentir et à ne penser que par Paris.

Que pour exercer son métier de critique, M. Garneau tienne à être plus français que les Français, cela nous laisse indifférents. Cependant, si tel est le cas, nous devrons craindre que l'impartialité de ses jugements puisse être compromise par son désir de recevoir en tout l'approbation de Paris.

M. Stanislas Fumet

Dans le numéro du 28 mars 1947 des *Lettres françaises*, M. Stanislas Fumet s'attaquait à Arthur Koestler. Son article, intitulé *Trop de rouge ou la leçon de l'étranger,* reprend la querelle de MM. Cassou et Aragon contre *La Nouvelle Relève.*

Ma réponse parut dans *Notre Temps*, le 12 avril 1947:

Les dépêches nous apportent de substantiels extraits d'une sortie de Stanislas Fumet contre *La Nouvelle Relève* et ses directeurs, parue dans une récente livraison des *Lettres Françaises*. M. Fumet reprend la querelle où l'a laissée Louis Aragon. Nous attendrons *Les Lettres françaises* pour répondre comme il convient à l'ancien directeur de *Temps présent*. Nous croyons cependant devoir relever quelques-unes des accusations rapportées par Raymond Grenier dans les dépêches de l'Agence France-Presse.

M. Fumet déplore «la sourde campagne qui se fomente aujourd'hui un peu partout contre la France» et il en donne comme preuve la légende d'une caricature parue dans un journal canadien.

Comment ! les Français — le peuple le plus spirituel de la terre — ne savent plus rire d'une caricature ? Faut-il faire le silence sur la France et les Français pour ne pas blesser les susceptibilités de MM. Aragon et Fumet ?

Vous allez finir, messieurs, par croire vous-mêmes à cette campagne contre la France. Si elle n'existe pas, vous allez la susciter. Personne plus que les Canadiens n'a été sensible aux malheurs de la France. Et je crois que nous l'avons prouvé. Mais, à *La Nouvelle Relève*, où, n'en déplaise à M. Fumet, nous ne sommes pas des fascistes, même si nous sommes restés catholiques, nous continuons de croire qu'on peut dire la vérité sans trop de ménagements.

Nous avons assez «exalté la France» et sa littérature depuis 1934, et en particulier pendant la guerre, pour avoir le droit de dire ce que nous pensons de ses écrivains.

Vous avez eu une phrase particulièrement malheureuse, M. Fumet. «La France, dites-vous, a toujours le sentiment que ces leçons de l'étranger lui viennent d'un élève. Il est naturel que le maître n'aime pas ça.» Si cette phrase est exacte, j'en ai honte pour vous, M. Fumet. Le maître qui n'aime pas ça, ce n'est pas la France, ce ne peut pas être la France, ce ne peut être qu'un pion exacerbé qui a perdu tout empire sur lui-même avant de perdre son autorité sur les élèves.

D'ailleurs, pour poursuivre la comparaison, le meilleur maître, ce n'est pas celui dont on continue toute sa vie à avoir besoin. Et ceux à qui nous devons le plus de reconnaissance et à qui nous faisons honneur, ce sont ceux qui nous ont appris à nous passer d'eux. Ceux-là seuls méritent notre estime.

Les Lettres françaises ont voulu, nous sachant catholiques, nous faire répondre par un homme d'Église. Malheureusement, au lieu d'un docteur, ils sont allés chercher le sacristain. Nous sommes dans l'Église depuis assez longtemps pour ne pas confondre les deux.

M. André Billy

Mais l'article de M. Fumet n'était pas encore parvenu au Canada que nous trouvions dans *Le Littéraire*, sous la plume de M. André Billy, un article intitulé «Ce qu'on pense de nous au Canada», auquel je répondis dans *Notre Temps*, le 29 mars 1947:

Dans ses Propos du samedi 15 mars 1947, dans *Le Littéraire*, M. André Billy me prend à partie ainsi que mes collaborateurs de *La Nouvelle Relève*, au sujet d'une question dont il paraît incapable de comprendre le premier mot: celle de l'autonomie de la littérature canadienne. Selon lui, la littérature canadienne ne peut être autonome, parce que la littérature française existait avant elle. M. Étienne Gilson, ayant parlé de cultures distinctes et les ayant comparées à deux arbres, en réponse à Georges Duhamel qui ne voyait au Canada qu'une branche de l'arbre français, M. Billy corrige M. Gilson:

> *Si M. Gilson, dit-il, a exprimé une opinion de ce genre, il a eu tort, aussi bien pour les États-Unis et l'Angleterre que pour le Canada et la France, car l'antériorité spirituelle et culturelle de la France et de l'Angleterre n'est pas niable, et soutenir que la culture américaine n'est pas sortie de l'anglaise comme une branche sort d'un tronc, constitue, il me semble, une aveuglante contre-vérité. M. Gilson est un homme sérieux. Ce qu'il a voulu dire sans doute, c'est que peu à peu la littérature américaine a pris un caractère propre qui la différencie de l'anglaise, autant que l'âme américaine diffère de l'âme anglaise. Voilà qui est raisonnable, voilà qui est vrai et qui éclaircit le débat. Laissons donc les comparaisons empruntées à la vie végétale et tenons pour démontré que Montaigne et Shakespeare, Dickens et Balzac sont morts avant qu'on eût pu parler de littérature américaine et canadienne.*

M. Billy est tellement hypnotisé par l'idée de branche qu'il ne peut concevoir l'existence d'un autre mode de prolongement de la vie. À l'en croire, du moment qu'il existe un arbre, son privilège d'«antériorité» le condamne à être stérile, à ne transmettre la vie qu'à des branches, toutes sorties de son tronc, à être à lui seul toute la forêt.

Je laisse à M. Étienne Gilson le soin de le confondre par anticipation puisque les paragraphes de l'article de celui-ci auxquels je faisais allusion dans le passage discuté par M. Billy ont paru à Paris, dans *Le Monde*, le 7 janvier 1946.

> *Mais le Canada est-il une branche de l'arbre de France? C'est une autre question, et comme il importe, avant de résoudre un problème, d'en définir exactement les données, on aurait peut-être avantage à ne laisser aucune équivoque obscurcir ce point important.*
> *Ce n'est d'ailleurs pas chose facile, mais enfin, sans vouloir trop serrer une métaphore, une*

branche est une partie d'un arbre, et, si robuste soit-elle, c'est de la sève de l'arbre qu'elle vit. Or il ne faut pas oublier la devise canadienne : « Je me souviens. » Le Canada se souvient de bien des choses, car non seulement il a une mémoire, il en est une. Il se souvient d'abord d'avoir été une branche de l'arbre français, mais aussi d'en avoir été coupé, puis, laissé sur le sol, d'y avoir tout seul pris racine, d'avoir vécu sans nous, grandi sans nous, conquis par son seul courage, par sa seule perspicacité et par une continuité de vues qui ne nous doit rien le droit à sa propre langue, à ses propres méthodes d'éducation et à sa propre culture. Si nous sommes l'arbre, jamais arbre ne s'est moins soucié de sa branche. Qu'il s'en soucie aujourd'hui, rien de mieux, mais ce qu'il retrouve, après l'avoir si longtemps négligé, ce n'est plus une branche, c'est un arbre : un arbre de même espèce que lui, mais un autre arbre, qui est un arbre comme lui.

S'il importe de le préciser, ce n'est pas afin de redresser une image. Nos amis Canadiens savent d'où elle vient : ils savent qu'elle fut inspirée par la plus chaleureuse amitié ; mais une claire vue du réel commande toute action efficace, et rien ne serait plus fatal aux relations franco-canadiennes que la moindre erreur au départ. Il existe, sur les rives du Saint-Laurent, un peuple de culture française, mais ce peuple ne nous la doit pas, elle est à lui, et si elle circule en lui comme une sève, ce n'est pas notre sève, c'est la sienne. Lorsque nos ancêtres se sont établis au Canada, ils possédaient Corneille, Racine, Molière et Bossuet comme nous les possédons nous-mêmes ; nous n'avons pas changé cette possession en dette pour les avoir laissés seuls en charge de ces biens, sur le vaste continent, où ils les ont seuls fait valoir. La langue qu'ils parlent n'est pas une langue que nous leur avons apportée, mais celle qu'ils ont eux-mêmes apportée, gardée, sauvée du désastre au prix d'une lutte *magnifique menée par eux seuls pour le plus précieux de leurs biens. La culture intellectuelle canadienne-française ne doit qu'aux Canadiens de survivre et de fructifier. Ni empruntée ni parasite, et autrement que la nôtre, mais exactement au même titre que la nôtre, elle est française de plein droit.*

Montaigne et Shakespeare, Dickens et Balzac étaient morts avant qu'on pût parler de littérature canadienne, c'est vrai! mais tenons aussi pour démontré qu'Aristote, Homère, Virgile et Lucrèce étaient morts avant qu'on ne parlât de littérature française ou anglaise. Celles-ci n'en sont pas moins autonomes.

Notre désir d'autonomie ne nous détachera pas de la France, et rien n'est plus loin de notre pensée que de répudier toute filiation spirituelle à l'égard de la France. Mais notre amour de la France ne doit pas nous empêcher de constater que, depuis plus de cent ans, les littératures française et anglaise ne sont plus les seules. M. Billy nous affirme que «c'est toujours en France, c'est toujours à Paris que la matière première de l'intelligence abonde le plus». Nous ne demandons qu'à le croire, mais il fut un temps où les Français ne sentaient pas le besoin de le crier eux-mêmes sur les toits. C'était un temps où ils laissaient les autres libres de le penser et je préférais ce temps.

Il y a deux façons d'envisager la critique des livres français: la première, celle de M. Billy, c'est de nier tout ce qui peut exister ailleurs et d'admirer sans discernement tout ce qui se publie à Paris; la seconde consiste à considérer la littérature française à sa place dans l'ensemble de la production mondiale. C'est cette dernière que nous avons choisie.

Ce que M. Billy nous reproche, c'est le recul que nous donne la distance: c'est d'être au-dessus des coteries et de juger les écrivains français moins selon leur importance dans le parti communiste ou dans la Résistance que sur leur œuvre. C'est peut-être à Paris que la «matière première de l'intelligence abonde le plus», comme le dit si élégamment M. Billy, mais c'est faire injure au caractère humain et universel de la littérature française que de prétendre qu'il faut être Français pour la comprendre et la juger.

Nous ne fûmes jamais trop loin pour admirer Claudel, Maritain, Mauriac, Charles du Bos, Valéry, Bergson, Daniel-Rops et les autres; nous ne sommes trop loin, M. Billy, que quand on veut nous faire prendre des taupinières pour des montagnes.

M. ÉTIENNE GILSON

M. Étienne Gilson, dans un article intitulé «Depuis le XVIIIe siècle le Canada a sa littérature originale» que publie la revue *Une Semaine dans le Monde* du 26 avril 1947, répond à l'article du *Littéraire* de M. André Billy et, du même coup, confirme d'une façon magistrale la thèse que nous soutenons depuis un an contre Jean Cassou, Aragon, André Billy et Stanislas Fumet, au sujet de la littérature canadienne.

> *Dans un récent article du* Littéraire, *M. André Billy s'inquiétait quelque peu de «ce qu'on pense de nous au Canada», écrit M. Gilson. Voilà qui est excellent, car il y a longtemps que les Canadiens pensaient de la France diverses choses, dont nul chez nous ne semblait se préoccuper. Il est vrai que certaines de leurs pensées ne sont pas faites pour nous plaire et comme les Canadiens sont libres de parler, les Français le sont de leur répondre. Un peu lente à se produire, cette prise de contact revêt donc naturellement la forme d'une controverse. Elle n'en est pas moins heureuse pour cela, mais elle ne va pas sans quelques confusions des deux*

77

côtés et je voudrais simplement, laissant à nos amis canadiens le soin de débrouiller les leurs, dissiper quelques-unes des nôtres.

L'objet de la controverse est clairement défini dans une phrase de l'écrivain canadien Robert Charbonneau, que cite M. André Billy et que je reproduis à mon tour en la purgeant d'une coquille qui la rendait inintelligible : «*Toute la querelle est entre ceux qui ne veulent voir dans le Canada français, selon la formule de M. Duhamel, qu'une branche de l'Arbre français, et ceux qui, avec M. Gilson, croient que ce sont deux arbres distincts, d'une même famille, mais ayant chacun sa vie propre et ses fins différentes.*

Ainsi les États-Unis vis-à-vis de l'Angleterre.

M. Gilson tient à ne laisser aucune équivoque :

(...) Si l'on décide de renoncer aux comparaisons, j'y consentirai volontiers, car je ne tiens ni à l'arbre, ni à la branche, ni au mur importun qui les sépare ; mais si l'on pense vraiment que la littérature canadienne tire sa sève du tronc français, je ne me lasserai pas de le contester, parce qu'il me paraît certain que ce n'est pas vrai. Je ne veux pas nier que beaucoup d'écrivains canadiens n'aient subi ou ne subissent l'influence d'écrivains français, mais ce n'est pas la question, car de combien d'écrivains étrangers les nôtres n'ont-ils pas subi l'influence sans perdre pour autant leur qualité d'écrivains français ? Je dis simplement qu'il existe au Canada une littérature d'expression française dont la sève est toute canadienne et qui ne fait honneur à aucune autre vitalité que celle du Canada.

Cette confirmation, venant d'un Français qui est un grand écrivain et l'un des plus profonds penseurs de son pays, devrait mettre fin à la controverse. Publiée à Paris, elle a beaucoup plus de poids que n'en pouvaient avoir des articles disséminés dans les journaux canadiens et que seules quelques personnes pouvaient lire en France.

L'intervention de M. Gilson, ses affirmations qui vont encore plus loin que les nôtres, réduisent à néant les critiques de ceux qui prétendent qu'affirmer l'existence de la littérature canadienne équivaut à une défection à l'égard de la culture française.

La discussion, engagée sur ce nouveau terrain, avec des Français qui ne croient pas que tout commence et finit à Paris, pourra être très féconde. La littérature est aujourd'hui universelle. De même qu'un écrivain français s'appauvrirait de ne pas connaître Kafka, Dostoïevski, Hemingway, James Joyce et nombre d'autres, le Canadien qui voudrait s'enfermer dans son pays ou ne recevoir que ce qui vient de Paris ne s'exposerait pas moins sûrement à l'anémie spirituelle.

Les Canadiens se réjouiront de l'attitude de M. Gilson. Mais elle ne les surprendra pas. Elle est dans la ligne d'un caractère pour lequel nous avons autant d'admiration que de respectueuse affection ; elle répond à l'idée que nous avons de sa lucidité et de son honnêteté intellectuelle.

La Nouvelle Relève, juin 1947

INCOMPRÉHENSION

Avant d'entreprendre le Tour du monde pour Paris-Soir, *j'ignorais à quel point la France était crédule, soignait mal sa propagande et se reposait sur une vieille certitude aveugle de plaire. J'étais, l'avouerai-je, assez près de croire que le reste du globe était la province et qu'il devait être triste, par exemple, pour un écrivain, de s'exprimer dans une langue différente de la nôtre. C'est dans cet esprit absurde qu'on nous élève. Le maître d'école nous inculque la foi dans notre supériorité, la haine et le mépris des autres. Faites le tour du monde, vous reviendrez chez vous renseigné sur ce que ces autres pensent, et l'oreille basse. (...) La France est une cave pleine. Mais comme il serait mieux de n'en point crever d'orgueil et de regagner l'ancien prestige. C'est simple. Le moindre effort sera couronné de réussite et j'ai vu, pour peu qu'il s'en donne la peine, ce qu'un Français récolte chez des peuples qui dédaignent la France politique d'hier et placent au-dessus de tout les qualités poétiques dont elle a honte.*

Jean Cocteau, *Le Foyer des artistes*, cité par André Langevin dans *Notre Temps*, 17 mai 1947.

La Nouvelle Relève, juin 1947

MM. Jérôme et Jean Tharaud viennent de publier dans le *Figaro*, sous le titre de «Fidélité», un article qui illustre de manière frappante l'aveuglement d'un certain nombre de Français sur eux-mêmes. Cela tient du prodige. Connaissant ces écrivains par leurs ouvrages, j'avais un certain respect pour leur talent. Mais ce que je lis aujourd'hui sous leur plume me jette dans le plus profond émerveillement. À ce degré, l'incompréhension et la suffisance entrent dans la catégorie des merveilles.

On m'avait dit que quelques écrivains français ne voient rien, ne comprennent rien en dehors de ce qu'ils ont rapetissé aux proportions de Paris. Il y a cent ans, j'aurais écrit «agrandi», mais le monde a évolué. Il n'y a plus de grandes colonies en Amérique.

MM. Tharaud demandent que nous soyons francs avec eux. Ils regrettent que «nos amis Canadiens ne nous aient pas dit franchement ce qu'ils ont sur le cœur»... Ce serait un gros livre que personne n'entreprendra, je le crains, parce que personne non plus ne voudrait le lire à Paris.

À propos de l'autonomie de notre littérature, MM. Tharaud écrivent : « J'avoue que je ne vois pas là une raison de querelle aussi sérieuse qu'on le juge à Montréal. À Londres, on ne s'est jamais irrité, j'imagine, de la naissance et du développement d'une littérature purement américaine, qui avait tout de même ses sources dans les prairies anglaises. À Paris non plus, on ne saurait voir d'un mauvais œil surgir, à Montréal ou à Québec, une grande et forte littérature qui aurait ses racines dans le vieux sol gaulois. Au contraire, cette littérature autonome, originale, serait une preuve magnifique *de la vitalité de notre esprit.* »

Ai-je besoin de souligner le « J'avoue que je ne vois pas là », le « À Londres, on ne s'est jamais irrité », « la vitalité de *notre* esprit » ? Malheureusement, il semble que c'est à Paris qu'on s'irrite. Tout ce que nous avons fait, c'est affirmer l'existence d'une littérature canadienne qui ne relève pas plus de Paris que de New York. C'est de Paris que la réaction est venue et de certains Canadiens qui se veulent plus français que canadiens, droit que je ne leur conteste pas. Il se trouve d'autre part que ces Canadiens sont plutôt des journalistes que des romanciers, des poètes ou des dramaturges.

J'avais écrit : Le défaut des Canadiens a peut-être été, jusqu'ici, qu'ils n'ont voulu avoir qu'un seul parent, ou qu'ils les ont choisis du même sang jusqu'à l'épuisement de ce sang. « Quelle injustice dans ces lignes ! Quelle injure à la fidélité canadienne ! » s'écrient les deux académiciens. Distinguons. Ce que les Canadiens ont choisi en 1760, c'est de rester eux-mêmes. Déjà à cette époque, nos ancêtres se plaignaient des Français qui les méprisaient et les exploitaient. S'ils ont refusé de devenir anglais, ce n'est pas pour la France historique, mais pour la culture française et, chose que les Français d'aujourd'hui ne comprennent plus : pour rester catholiques. La France historique et la culture française ne se confondent plus pour nous à partir de la cession du Canada à l'Angleterre.

Et M. Gilson, qui répond d'ailleurs admirablement à MM. Tharaud sur ce point, remarque qu'il n'est pas certain que nous fussions restés français, même sans la cession. Nous vivons en Amérique et de cela vous ne comprenez pas la signification.

Après avoir compris le contraire de ce que j'écrivais dans deux phrases qu'ils citent et dont le lecteur rétablira le sens, MM. Tharaud terminent : «Chers cousins du Canada, ne nous détournez pas de vous aimer pour votre désintéressement et votre fidélité».

Laissons passer le désintéressement. Si notre fidélité est votre seule raison de nous aimer, chers cousins de France, votre amour n'est plus très fort. Vous écoutez trop les discours officiels. Si vous nous aimez pour notre fidélité, pour quelle vertu correspondante devons-nous vous aimer ?

La Nouvelle Relève, juin 1947

MAURIAC, DELLY ET ZENAÏDE FLEURIOT

M. François Mauriac est peut-être avec Georges Duhamel l'écrivain français le plus lu au Canada. Il est vrai que tous les catholiques canadiens ne le jugent pas sans danger. Mais M. Mauriac n'a sans doute pas oublié qu'en France il a été longtemps suspect aux catholiques.

C'est donc une injure gratuite qu'il nous lance dans *Combat* (25 avril 1947) quand il écrit:

> (...) *Une Delly est irremplaçable, quand ce ne serait que pour l'exportation. Savez-vous qu'au Canada français la censure a interdit «les Enfants du Paradis» et qu'à propos de ce film jugé obscène il y a eu un incident diplomatique? Et que d'articles sur notre pourriture! Je les ai lus; c'est à ne pas croire! Eh bien, je propose un envoi à dose massive des œuvres de Delly à nos chers amis canadiens: ils verront que nous ne le cédons à personne pour la «vertu» telle qu'ils la conçoivent, ni pour ce qu'ils appellent les «bons livres».*

Quand la pensée française rayonnait incontestée dans le monde, que tout ce qui est spirituel convergeait vers Paris, les écrivains français n'avaient à notre égard aucune curiosité, mais, en revanche, ils ne nous insultaient pas. Aujourd'hui, cherchant à reconquérir leur influence, ils le font d'une façon agressive, donnant par là même une impression pénible de faiblesse.

Il est peu délicat de la part de M. Mauriac de se mêler des questions de politique canadienne, comme il était impertinent de la part de l'ambassadeur de France de critiquer les lois du pays où il est accrédité. Ce n'est pas à nous de décider si les tribunaux parisiens doivent condamner Henry Miller. Pourquoi M. Mauriac se croit-il le droit — qu'il nous refuserait et à juste titre dans le cas de Miller — d'intervenir dans nos affaires?

Quant à Delly, elle s'adresse ici aux mêmes lecteurs qu'en France. Mais, à ce propos, l'illustre académicien lui-même n'a-t-il pas lu l'ancêtre de toutes les Delly, Zénaïde Fleuriot? et n'a-t-il pas publié certains recueils de poèmes que Delly n'aurait pas reniés?

M. René Garneau

René Garneau, piqué par mon article de l'*Action Universitaire*, me répondit dans *Le Canada* (26 mai 1946). C'est à son article «Cette crise de l'esprit était une crise de nerfs» que je répondis dans le même journal le 28 mai 1946:

M. René Garneau est un homme en santé. Je m'en réjouis fort pour lui. Il était en santé quand il a écrit son article intitulé «Crise de l'esprit critique». Que peut-on souhaiter de meilleur à un critique que la santé? Cependant, écrit M. Garneau, «je me serais bien privé des petites méchancetés que cet article m'a values». Plus loin, il se plaint de «l'hiver pénible que MM. Charbonneau et Lemelin m'ont fait passer».

J'ai peut-être tort de penser qu'il est antinomique de se prétendre de tempérament indifférent et jouissant d'une bonne santé et, d'autre part, de se plaindre que deux articles que j'ai consacrés à répondre à ses attaques et un article de Lemelin ont pu lui faire passer un hiver pénible.

Comme les critiques de santé florissante, M. Garneau, qui est intelligent, a écrit des articles lucides sur la littérature canadienne quand il n'était pas en colère. Aujourd'hui, il l'est visiblement et ses idées se brouillent.

M. Garneau, par exemple, a fini par croire que son propos de novembre 1946, qui était une réponse déguisée à mes articles de *La Nouvelle Relève* intitulés «État de la littérature canadienne» (mai 1946) et «Culture canadienne-française» (juin 1946) sont à l'origine de la querelle alors qu'ils n'en sont qu'une phase. À ce moment, M. Garneau tentait d'expliquer par «certaines désillusions qui ont suivi la reprise des contacts» avec la

France le désir d'autonomie manifesté par «un groupe intéressant de jeunes écrivains de langue française».

Il n'y a pas de «petites méchancetés» dans ma «réponse à René Garneau», dont j'écrivais (*La Nouvelle Relève*, oct.-nov. 1946) qu'il est un écrivain de race, un critique intelligent et éclairé, doué au surplus du don de sympathie. Je n'ai pas changé d'avis depuis, sauf les cas où cet homme de santé florissante se met en colère comme ce fut le cas quand il voulut une première fois m'accuser de faire le jeu des ennemis de la France et comme c'est le cas aujourd'hui.

M. Garneau a peut-être provoqué une querelle, parce que, sous prétexte de largeur d'esprit, il s'opposait à notre volonté d'autonomie. Ses propos de novembre 1946 ont provoqué ma réponse. C'est lui qui écrivait : «On a beau retourner les éléments de la question, on ne sort pas de la zone d'influence d'une grande puissance littéraire.» Je crois que j'ai répondu à cet argument. «Si ce n'est pas la France ce sera l'Amérique», continuait-il. C'est ce que j'appelais son colonialisme. Je ne veux pas plus pour nos écrivains de colonialisme américain que de colonialisme français. Je veux que nous soyons nous-mêmes. J'ai parlé d'influence et montré que la littérature étant aujourd'hui universelle, nous devions comme tous les écrivains de tous les pays étudier les techniques dans les pays les plus avancés. Pour ce qui est du roman, les États-Unis, ce sont les Français eux-mêmes qui l'admettent, (voir Claude-Edmonde Magny, André Billy, etc.) et ils vont eux-mêmes s'inspirer de ce côté.

M. Garneau, qui écrit d'Aragon et de Fumet qu'ils ont été «injustes envers les écrivains de *La Nouvelle Relève* et les directeurs des Éditions de l'Arbre auxquels nous devons les plus saines publications du temps de guerre », tient cependant à voir en moi quelqu'un qui sert « les fins poursuivies par les responsables de cette manœuvre carrément anti-française », les exploiteurs de l'incident des *Enfants du Paradis*.

Non, M. Garneau, je ne cesserai pas de revendiquer l'autonomie de la littérature canadienne-française parce que d'autres personnes ont poursuivi des manœuvres anti-françaises. Je laisse à ceux que ces questions intéressent de se débrouiller dans cette affaire.

Mes sentiments à l'égard de la France n'ont pas changé. Accuserez-vous M. Étienne Gilson d'être un mauvais Français parce qu'il me donne raison contre André Billy et les autres ? Assez de colonialisme. Soyons nous-mêmes, les Français n'ont pas besoin de M. Garneau pour les défendre contre des gens qui ne les attaquent pas. Cessez donc de voir dans une attitude positive une attaque contre la France. Car, en le faisant, c'est vous qui aidez aux manœuvres carrément anti-françaises.

ANNEXES À L'ÉDITION DE 1947

I

La Nouvelle Relève, mai 1946

Pessimistes et détracteurs

Seuls quelques pessimistes, retranchés des vivants, peuvent encore douter de l'existence, au Canada français, d'un renouveau littéraire que je n'hésite pas à qualifier d'extraordinaire, d'une vie spirituelle agressive et féconde et, pour parler le langage de ces pessimistes, d'un climat intellectuel favorable à l'éclosion de grandes œuvres. Si les Américains ont été les premiers à s'en apercevoir, ils ne sont pas les seuls.

Ce qui frappe chez les détracteurs de plus en plus rares de notre littérature, c'est leur attachement à des lieux communs qui couraient encore les écoles dans mon enfance.

Si les pessimistes se donnaient la peine de regarder autour d'eux, ils reconnaîtraient peut-être que le Canada compte dix ou douze romanciers, autant de poètes et d'essayistes.

Ce fut malheureusement contre des « maîtres » de ce genre, qui nient l'évidence, que plusieurs des écrivains qui ont aujourd'hui trente ans se sont formés. Ces jeunes écrivains n'ont pas voulu croire qu'ils devaient continuer, comme on le leur conseillait, d'attendre de la France ce qu'ils se sentaient la force d'accomplir eux-mêmes. Depuis, les conditions ont changé dans une bonne mesure. Mais les préjugés meurent-ils jamais ?

La Nouvelle Relève, juin 1946

HISTOIRE DE LA LITTÉRATURE
CANADIENNE-FRANÇAISE

Berthelot Brunet n'est pas un historien, a-t-on dit dans certains milieux au moment de la publication de son *Histoire de la littérature canadienne-française*. Cette remarque n'est peut-être pas dénuée de fondement. Mais il faudrait la compléter en disant que la tâche de mettre de l'ordre dans la littérature canadienne, de déboulonner les vieilles plaques et de mettre au grenier tout un bric-à-brac qui encombre le Panthéon littéraire canadien était moins une tâche d'historien que de critique. Berthelot a fait place nette. Et nous lui en devons une grande reconnaissance. Les écrivains dignes de ce nom dans le passé, ceux qui méritent une place comme précurseurs et quelquefois comme prosateurs, comme poètes, ou comme historiens sont peu nombreux. Le courage, la ténacité, le patriotisme ne sont pas des qualités littéraires. Il fut un temps où, faute de mieux, on s'attachait à ces noms. C'eût été à demi-mal si on n'avait cru devoir faire lire des œuvres manquées par les enfants qu'on dégoûtait de cette façon de toute lecture.

Le Canada n'est pas le seul pays où foisonnent les œuvres médiocres, d'inspiration patriotarde ou pseudo-religieuses. La France nous a envoyé des Jeanne d'Arc, des Bayard, des saint Louis, etc., qui ne valaient guère mieux. Mais on n'en fait pas état dans les chaires de littérature. Ici, on en faisait état pour toutes sortes de raisons qui n'ont rien à voir avec la littérature.

Donc Berthelot Brunet a tenté un premier classement des valeurs. Il l'a fait avec intelligence. Si l'on a un reproche à lui adresser, c'est de n'avoir pas été plus sévère.

De toutes les œuvres publiées avant 1900, je ne retiendrais que *Les Anciens Canadiens*, *L'Histoire du Canada* de F.-X. Garneau, quelques pages de Fréchette, des *Contes* de Pamphile Lemay, les *Poésies* de Nelligan.

Voilà pour les anciens. Berthelot en mentionne quelques autres pour en faire justice aussitôt. Ils appartiennent à la petite histoire.

Presque tout son livre est rempli par les contemporains. Sur ce plan, il ne saurait être question d'histoire au sens propre. Brunet travaille dans le vif. Ici encore, il déblaie le terrain, il classe les valeurs. Les jugements ne sont pas définitifs. Ils ne peuvent pas l'être et ne visent pas à l'être.

Une histoire de la littérature doit être une histoire des influences, des réactions dans le sens d'une culture. Celles-ci ne se dégagent qu'à distance.

Berthelot Brunet, chez qui l'humoriste est toujours en éveil, a classé les auteurs non pas selon les genres mais par profession ! Cela permet des rapprochements hétéroclites, mais l'auteur gagne son pari qui est de classer les valeurs sans nous ennuyer.

Je cite, pour terminer, une interview recueillie par Jean Luce et parue dans *La Presse* le samedi 17 mai 1947 sous le titre :

ROBERT CHARBONNEAU
CROIT EN L'INFLUENCE
MONDIALE DU CANADA

La littérature canadienne de langue française existe. M. Étienne Gilson en fait remonter même l'origine à 1784, alors qu'un certain Pierre du Calvé, que personne ne semble connaître ici, aurait publié un livre « retentissant ». M. Robert Charbonneau, que je rencontrais ces jours derniers en son bureau des Éditions de l'Arbre, est plus modeste. Il parle de 1930.

« Notre littérature, dit-il, ne compte vraiment que depuis 1930. Ce n'est que depuis cette date que nos écrivains produisent des œuvres d'importance. Et la raison en est, selon moi, tant à l'édition canadienne, qui a maintenant une ampleur internationale, qu'au progrès du Canada devenu une puissance de premier plan.

« Avant cela, le Canadien français qui avait des dispositions pour la littérature devait se contenter la plupart du temps d'en faire jouir ses amis. Lui arrivait-il de publier un volume qu'il devait le faire à ses frais. Et le nombre restreint des lecteurs ne lui permettait même pas le plus souvent de rembourser ses dépenses. Aussi ne se risquait-il que rarement à tenter de nouveau l'aventure mais se résignait tout simplement à devenir fonctionnaire.

« La situation est heureusement changée, poursuit M. Charbonneau. Des auteurs comme

Gabrielle Roy et Roger Lemelin, par exemple, se sont non seulement fait connaître avec leur premier ouvrage, ils ont aussi gagné de l'argent. Déjà, ils ont un public. Et leur prochain livre est assuré, avant même de paraître, d'un succès de librairie. Ce qui est plus important qu'on ne le croit et ne l'admet généralement.

« Il faut bien se mettre dans la tête qu'un homme intelligent n'écrit pas pour délivrer. Ce serait trop facile, et c'est trop romantique. L'écrivain entend vivre de sa plume. Une seule exception à la règle : le génie qui n'écrira que pour la gloire parce qu'il a conscience d'écrire pour la postérité.

« Notre littérature n'a pas encore eu, je crois, de ces êtres uniques. Cela viendra. Nous avons eu des œuvres d'envergure. Nous en aurons d'autres. Et même qu'il s'écoulera peu de temps désormais avant que notre littérature compte son premier chef-d'œuvre. Tout y concourt : l'atmosphère locale est plus propice en même temps que les lecteurs plus nombreux et la diffusion est possible par tout le monde qui s'intéresse maintenant à nous. »

M. Charbonneau de rappeler que Le Survenant de Mme Guèvremont a été publié à Paris, où le sera prochainement le Bonheur d'occasion de Gabrielle Roy qui vient d'obtenir le succès que l'on sait en traduction aux États-Unis. Il y a aussi Au pied de la pente douce de Lemelin, qui sera publié en traduction chez nos voisins du sud, d'ici quelques mois. « L'étranger se rend compte que le Canadien français existe. »

« Cela vient, poursuit M. Charbonneau, du fait que le Canada est devenu une grande puissance. Il ne faut pas l'oublier : l'influence culturelle et artistique d'un pays n'a toujours été qu'en fonction de sa puissance politique et économique. Le Canada peut maintenant aspirer à une telle influence par le monde.

«Deux débouchés s'offrent à nous: la France et les États-Unis. Mais tandis que la première, par nature, ne s'occupe toujours que d'elle et qu'à l'occasion des autres, le plus souvent par opportunisme, les seconds, plus désintéressés, sont ouverts à l'étranger et particulièrement curieux du Canada français. À nous d'en profiter.

«Non qu'il s'agisse d'écrire en anglais. Pas du tout. Mais bien de collaborer avec les éditeurs américains qui sont prêts à publier en traduction les meilleurs ouvrages de nos écrivains et qui sont à l'affût de tout ce qui s'écrit chez nous parce qu'ils s'attendent eux aussi à beaucoup des Canadiens français.»

M. Robert Charbonneau, en plus d'être éditeur, est un romancier, comme on le sait. Il a actuellement sur le métier un roman dont le titre n'est pas encore définitif mais qu'il a l'intention de publier à l'automne.

Jean Luce

Chronologie

1911   Naissance de Robert Charbonneau à Montréal (Mile-End), le 3 février.

1912   Sa famillle s'établit à Farnham (Estrie).

1919   Retour à Montréal. Études primaires à l'École Saint-Stanislas. Certificat d'études (22 juin 1925).

1933   Baccalauréat ès Arts de l'Université de Montréal, après des études au Collège Sainte-Marie (1925 à 1933).

1934   Diplôme de journalisme, École des sciences sociales et politiques, Université de Montréal (30 mai 1934).

1934   Fonde (avec Paul Beaulieu) *La Relève*, devenue en septembre 1941 *La Nouvelle Relève* et dirige les deux revues (avec Paul Beaulieu puis avec Claude Hurtubise) jusqu'à la disparition de *La Nouvelle Relève* en 1948.

1934   Journaliste à *La Patrie* (1934-1937). Rencontre avec Jacques Maritain (*cf. La Patrie*, 17 octobre 1934).

1937   Rédacteur au *Droit,* d'Ottawa (février 1937 à décembre 1938).

1938	Directeur adjoint, puis directeur de l'information au journal *Le Canada* (8 décembre 1938 au 1er mai 1942).
1940	Cofondateur (avec Claude Hurtubise) des Éditions de l'Arbre (18 octobre 1940) dont il devient directeur littéraire et, après l'incorporation de la Société en 1944, président du conseil d'administration.
1941	*Ils posséderont la terre,* roman.
1942	Troisième prix David pour *Ils posséderont la terre.*
1943	Rédacteur en chef de la revue *Shel-Dite* (bilingue).
1944	*Connaissance du personnage,* essais.
1944	Conseiller technique auprès du Gouvernement d'Ottawa sur les questions d'édition (19 avril 1944 au 31 décembre 1945).
1944	Participe à la fondation de l'Académie canadienne-française; élu membre du bureau de direction à la première assemblée (4 décembre 1944); élu vice-président (4 octobre 1948); réélu ensuite jusqu'en 1960.
1944	Mariage (10 juin 1944).
1945	Publication de *Fontile* et des *Petits poèmes retrouvés.*
1945	Élu président de la Société des éditeurs; réélu en 1946 et 1947.
1946	Élu trésorier de la Société des écrivains; réélu en 1947 et 1948.
1946	Prix Duvernay pour *Fontile* (décembre 1946).
1947	Nommé membre du comité de publication de l'Association générale des diplômés de l'Université de Montréal (8 janvier 1947).

1947	*La France et nous,* essais.
1948	*Les Désirs et les Jours,* roman.
1949	Adjoint au Directeur de l'information à *La Presse* (7 juin 1949).
1950	Directeur adjoint de la *Semaine à Radio-Canada* (1er septembre 1950).
1951	Des pièces tirées de *Fontile* et des *Désirs...* sont présentées à Radio-Canada.
1952	Série de dix-huit conférences sur nos romanciers à Radio-Canada.
1953	Nommé directeur de la *Semaine à Radio-Canada* (1er mai 1953).
1955	Nommé directeur du Service des textes (1er mai 1955).
1959	*Aucun chemin n'est sûr,* nouvelle, dans le quatrième cahier de l'Académie canadienne-française.
1961	*Aucune créature,* roman.
1965	Voyage à Vancouver pour recevoir la Médaille Chauveau, de la Société royale du Canada.
1966	Nommé président de la Société des écrivains et réélu en 1967.
1967	Publication de *Chronique de l'âge amer.*
1967	Décès à Saint-Jovite, le 26 juin.

Madeleine Ducrocq-Poirier
extrait de Robert Charbonneau, *Fides, 1972*

Bibliographie

SUR LA QUERELLE

CHANTIGNY, Louis, BERNIER, Sylvie, *Bernard Vali-
     quette*, Montréal, Publi-Liaison, Association des
     éditeurs canadiens, coll. «Éditeurs du Québec»,
     1986.

CLOUTIER, Yvan, «Sartre en quête d'un éditeur franco-
     phone en Amérique», *The French Review,*
     vol. 66, n⁰ 5, avril 1993, p. 752-759.

DUCROCQ-POIRIER, Madeleine, *Robert Charbonneau,*
     Montréal, Fides, coll. «Écrivains de toujours»,
     1972.

DUCROCQ-POIRIER, Madeleine, «La France et nous, essai
     de Robert Charbonneau», dans Maurice Lemire
     (éd.), *Dictionnaire des œuvres littéraires du
     Québec, Tome III, 1940-1959*, Montréal, Fides,
     1982, p. 409-413.

Écrits du Canada français, numéro spécial, «Robert
     Charbonneau parmi nous», n⁰ 57, 1986.

HOUDE, Roland et Jacques BEAUDRY, «Expression *et*
     expansion: l'offensive littéraire française de l'après-
     guerre au Québec», *Voix et Images,* vol. 41, hiver
     1989, p. 237-241.

MARCOTTE, Gilles, «Robert Charbonneau, la France,
     René Garneau et nous...», *Les Écrits du Canada
     français*, numéro spécial, «Robert Charbonneau
     parmi nous», n⁰ 57, 1986, p. 39-63.

Malo, Marie, *La France et nous: Contexte et histoire d'une querelle*, mémoire de maîtrise, Université de Montréal, 1987.

Michon, Jacques (dir.), «L'édition littéraire au Québec, 1940-1960», *Cahiers d'études littéraires et culturelles*, no 9, Sherbrooke, 1985.

Michon, Jacques (dir.), *Éditeurs transatlantiques: études sur les Éditions de l'Arbre, Lucien Parizeau, Fernand Pilon, Serge Brousseau, Maugin, B-D. Simpson*, Sherbrooke, Éditions Ex-Libris, 1991.

Nardout-Lafarge, Élisabeth, *Le Champ littéraire québécois et la France — 1940-1950*, thèse de Ph.D, McGill, 1987.

Nardout-Lafarge, Élisabeth, «Robert Charbonneau et le C.N.E.: les enjeux de la polémique», *Revue francophone de Louisiane*, vol. V, no 1, p. 71-78.

Pelletier, Jacques, «*La Relève*: une idéologie des années 1930», *Voix et Images du Pays*, vol. V, 1972, p. 69-140.

QUELQUES TITRES SUR L'ÉPURATION

Assouline, Pierre, *L'Épuration des intellectuels. 1944-1945*, Bruxelles, Éditions Complexe, coll. «La mémoire du siècle», 1985.

Boschetti, Anna, *Sartre et «Les Temps modernes»*, Paris, Les Éditions de Minuit, coll. «Le sens commun», 1985.

Lottmann, Herbert, *La Rive gauche. Du Front populaire à la guerre froide*, Paris, Seuil, 1981.

Lottmann, Herbert, *L'Épuration. 1943-1953*, Paris, Fayard, 1986.

ANNEXE I

Liste des articles qui constituent la querelle

DUHAMEL, Georges, «L'arbre et la branche», *Le Figaro*, 120: 435, 4 janvier 1946, p. 1-2.

GILSON, Étienne, «L'arbre canadien», *Le Monde*, 329, 6 janvier 1946, p. 1-2.

CHARBONNEAU, Robert, «Le rayonnement de la France», *La Nouvelle Relève*, 4: 8, février 1946, p. 682-683.

Anonyme, «France-Canada», *Les Lettres françaises*, 4: 98, 8 mars 1946, p. 5.

CHARBONNEAU, Robert, «Les livres français», *La Nouvelle Relève*, 4: 9, mars 1946, p. 804-805.

_____,«Pourquoi ces querelles?», *La Nouvelle Relève*, 4: 10, avril 1946, p. 847-850.

_____, «État de la littérature canadienne», *La Nouvelle Relève*, 5: 1, mai 1946, p. 1-4.

_____, «Pessimistes et détracteurs», *La Nouvelle Relève*, 5: 1, mai 1946, p. 67-69.

_____, «Culture canadienne-française», *La Nouvelle Relève*, 5: 2, juin 1946, p. 97-101.

_____, «Histoire de la littérature canadienne-française», *La Nouvelle Relève*, 5: 2, juin 1946, p. 170-171.

CASSOU, Jean, «Maurrassisme impénitent», *Les Lettres françaises*, 4: 113, 21 juin 1946, p. 5.

GARNEAU, René, «La crise est dans l'esprit», *Le Canada*, 44: 180, 4 novembre 1946, p. i, ii.

CHARBONNEAU, Robert, «Crise de la littérature canadienne? Réponse à M. René Garneau», *La Nouvelle Relève*, 5:5, octobre-novembre 1946, p. 385-391.

——————, «Prépondérance du roman», *La Nouvelle Relève*, 5:6, janvier 1947, p. 494-496.

ARAGON, Louis, «Crise de l'esprit critique au Canada», *Les Lettres françaises*, 143, 17 janvier 1947, p. 5.

CHARBONNEAU, Robert, «M. Aragon et l'amitié franco-canadienne», *Le Canada*, 44:245, 23 janvier 1947, p. 4.

DUHAMEL, Roger, «Réponse à Aragon. Crise de l'esprit critique en France», *Notre Temps*, 2:15, 25 janvier 1947, p. 1-5.

BRUNET, Berthelot, «M. Aragon "engage" la guerre contre les critiques canadiens», *Le Canada*, 44:247, 25 janvier 1947, p. 4.

CHARBONNEAU, Robert, «Un reste de jansénisme nous retenait de lire des romans», *Le Canada*, 44:251, 30 janvier 1947, p. 4.

——————, «Quoi qu'en disent Aragon et Cassou, les Canadiens français ne sont pas des traîtres», *Carrefour*, 4:129, 6 février 1947, p. 2.

ARAGON, Louis, «Du courage transatlantique», *Les Lettres françaises*, 146, 7 février 1947, p. 5.

Anonyme, «Canada», *Le Monde*, 4:661, 11 février 1947, p. 2.

GARNEAU, René, «Contre l'esprit d'isolement», *Le Canada*, 44:278, 3 mars 1947, p. 5.

CHARBONNEAU, Robert, «Littérature autonome», *L'Action universitaire*, 13:7, mars 1947, p. 25.

BILLY, André, «Ce qu'on pense de nous au Canada», *Le Littéraire*, 2:48, 15 mars 1947, p. 2.

CHARBONNEAU, Robert, «Le courage de M. Aragon», *Le Canada*, 44: 290, 17 mars 1947, p. 4.

FUMET, Stanislas, «Trop de rouge ou la leçon de l'étranger», *Les Lettres françaises*, 149, 28 mars 1947, p. 5.

CHARBONNEAU, Robert, «En réponse à André Billy», *Notre Temps*, 2: 24, 29 mars 1947, p. 3.

_____, «Réponse à Stanislas Fumet», *Notre Temps*, 2: 26, 12 avril 1947, p. 1.

MAURIAC, François, «Pitié pour les jeunes filles! "Delly est irremplaçable, ne serait-ce que pour l'exportation" répond M. François Mauriac», *Combat*, 6: 871, 25 avril 1947, p. 2.

GILSON, Étienne, «Depuis le XVIIIe siècle, le Canada a sa littérature originale», *Une semaine dans le Monde*, 2: 50, 26 avril 1947, p. 11. [Reproduit dans *Écrits du Canada français*, no 57, 1986, p. 202-207.]

DUHAMEL, Georges, «Détresse du livre français», *Le Figaro*, 121: 825, 9 mai 1947, p. 1.

GARNEAU, René, «Cette crise de l'esprit était une crise de nerfs», *Le Canada*, 45: 43, 26 mai 1947, p. 5.

CHARBONNEAU, Robert, «Après un hiver pénible, le printemps... Une réponse de M. Robert Charbonneau», *Le Canada*, 45: 45, 28 mai 1947, p. 4

_____, «Incompréhension», *La Nouvelle Relève*, 5: 7 juin 1947, p. 577-579.

_____, «Mauriac, Delly, Fleuriot», *La Nouvelle Relève*, 5: 7, juin 1947, p. 580-581.

BRUNET, Berthelot, «Pour fermer une porte déjà», *Le Canada*, 45: 61, 16 juin 1947, p. 4.

BILLY, André, «La littérature française universelle et les littératures françaises d'ici et d'ailleurs — "Le joug de Paris" — La concurrence est ouverte », *Le Figaro littéraire*, 2 : 67, 2 août 1947, p.2.

CHARBONNEAU, Robert, « Que devons-nous à la France ? », *La Nouvelle Relève*, 5 : 9, août-septembre 1947, p.769-771.

DUHAMEL, Georges, « Évolution d'un grave problème », *Le Figaro*, 121 : 986, 14 novembre 1947, p.1.

GARNEAU, René, « Petite géographie de l'esprit », *Le Canada*, 45 : 190, 17 novembre 1947, p.15.

HENRIOT, Émile, « La littérature canadienne », *Le Monde*, 4 : 880, 26 novembre 1947, p.3.

CHARBONNEAU, Robert, « M. Duhamel, le commerce et la culture », *La Nouvelle Relève*, 6 : 1, décembre 1947, p.3-5.

_____, « M. Émile Henriot éclaire sa religion », *La Nouvelle Relève*, 6 : 1, décembre 1947, p.6-8.

BILLY, André, « À propos du domaine public payant — Si notre littérature n'occupe qu'une "humble place" dans le monde. — Avocats, critiques littéraires ? », *Le Figaro littéraire*, 3 : 93, 31 janvier 1948, p.2.

CHARBONNEAU, Robert, « L'édition canadienne a pour mission de révolutionner notre littérature », *Le Canada*, 45 : 266, 20 février 1948, p.4. [Reproduit dans *La Nouvelle Relève*, 6 : 4, mai 1948, p.348-352.]

_____, « Être soi », *L'Action nationale*, 32 : 1, septembre 1948, p.29-35.

Quelques articles en marge de la querelle

O'LEARY, Dostaler, « La littérature canadienne peut-elle pénétrer en France ? », *Notre Temps*, 1 : 21, 9 mars 1946, p. 1.

_____, « Le Canada et la "Démission de la France" », *Notre Temps*, 1 : 22, 16 mars 1946, p. 1.

LEMELIN, Roger, « L'écrivain canadien doit être... canadien. En marge d'un débat littéraire », *Le Soleil*, 66 : 33, 7 février 1947, p. 4.

GRANDMONT, Éloi de, « France-Canada. Un match culturel qui n'est pas prêt de finir », *Le Canada*, 44 : 303, 1er avril 1947, p. 5.

LUCE, Jean, « Robert Charbonneau croit en l'influence mondiale du Canada », *La Presse*, 63 : 179, 17 mai 1947, p. 34.

GRANDPRÉ, Jacques de, « L'édition canadienne et la France », *Le Devoir*, 38 : 142, 21 juin 1947, p. 1.

ILLETTRÉ, L'[pseudonyme de Harry Bernard], « La branche de l'arbre devenue arbre elle-même », *Le Courrier de Saint-Hyacinthe*, 95 : 19, 11 juillet 1947, p. 2.

LUCE, Jean, « La France, si elle nous connaît peu, nous estime affirme François Hertel », *La Presse*, 63 : 274, 6 septembre 1947, p. 56.

O'LEARY, Dostaler, « Notre prétendue querelle avec les Français », *La Patrie du dimanche*, 15 : 39, 28 septembre 1947, p. 72.

FRÉMONT, Donatien, « La crise du livre français », *Le Canada*, 45 : 173, 27 octobre 1947, p. 5.

_____, « La France littéraire et nous », *Le Canada*, 45 : 178, 3 novembre 1947, p. 4.

VLODORP, Robert van, «À propos d'une querelle», *La Nouvelle Relève*, 6 : 2, janvier 1948, p. 186-187. [Reproduit de journaux belges].

SIEGFRIED, André, «"Si j'étais Canadien français..." dit M. André Siegfried», *Le Canada*, 45 : 248, 30 janvier 1948, p. 4.

VIATTE, Auguste, «Édition canadienne et livre français», *Le Devoir*, 39 : 83, 10 avril 1948, p. 10. [Reproduit du *Monde* du 20 mars].

MERGET, Robert, «Autour de la querelle. La France va-t-elle perdre une seconde fois le Canada», *La Nouvelle Relève*, 6 : 5, septembre 1948, p. 454-460. [Reproduit de *la Revue nationale* (Bruxelles)]

ANNEXE II

Les protagonistes moins connus de la querelle

Auteur, en 1906, d'un premier roman, *Benoni*, **André Billy** (1882-1971) est surtout journaliste ; entre 1910 et 1940, il collabore à *Paris-Midi*, *L'Homme libre*, *L'Œuvre*, *Le Figaro* (où il est critique littéraire), ainsi qu'à des revues comme *Les Annales* et *Le Mercure de France*. Son œuvre critique, composée plus tardivement, de 1943 à 1968, comprend surtout des biographies d'écrivains (Diderot, Balzac, Sainte-Beuve, les Goncourt, Stendhal et l'Abbé Prévost). Il publie aussi, de 1945 à 1965, quatre tomes de souvenirs. Il reçoit, en 1944, le Grand prix de l'Académie française.

Jean Cassou (1897-1986) est un militant anti-fasciste de longue date. Membre actif de la Résistance — il a exercé les fonctions de commissaire de la République pour la région de Toulouse de 1942 à 1944 —, il est un membre influent du C.N.E. Son œuvre comporte des travaux d'histoire littéraire : *Panorama de la littérature espagnole* (1931) et *Cervantes* (1936), des poèmes : *Trente-trois sonnets composés au secret (1945),* des romans : *La Clef des songes* (1929), *Légion* (1939), un pamphlet sur l'Occupation : *La Mémoire courte* (1944) et des ouvrages de critique d'art, domaine dans lequel il est le plus connu : *Gromaire* (1925), *Le Greco* (1931), *Picasso et Matisse* (1939) et *Ingres* (1947).

Georges Duhamel (1884-1966), romancier français très lu au Québec, prix Goncourt 1918 pour *Civilisation*, récit que lui avait inspiré son expérience de chroniqueur au front lors de la Première guerre mondiale, auteur de la célèbre série *La Chronique des Pasquier* (10 tomes parus entre 1933 et 1945), est chargé par les éditeurs français de recouvrer, auprès des éditeurs canadiens-français, les droits accumulés pendant la guerre. Il est par conséquent un personnage central des négociations ardues qui marquent la reprise de l'édition française.

Ernest (1874-1953) et Charles (1877-1952) Tharaud, écrivent ensemble sous les pseudonymes de **Jérôme et Jean Tharaud**. Introduits dans les milieux littéraires du début du siècle par Maurice Barrès, dont ils ont été les secrétaires, ils entreront l'un et l'autre à l'Académie française, Jérôme — ancien condisciple de Péguy à Normale Supérieure — en 1940, et Jean en 1946. Leur œuvre, composée de romans, de contes, de poèmes, d'essais et de récits de voyage, comporte une soixantaine de titres, parus entre 1898 et 1953. Leur position à la Libération est délicate ; s'ils collaborent au *Figaro* comme François Mauriac, leur antisémitisme d'avant-guerre leur vaut une certaine suspicion dans la presse issue de la Résistance. (Sur les Tharaud, on lira, entre autres : Yvonne Foubert-Daudet, *La Règle du je. Les frères Jérôme et Jean Tharaud, témoins et chroniqueurs d'un demi-siècle mouvementé*, Toulouse, Érès, Recherches et travaux en sciences humaines, 1982).

Stanislas Fumet (1896-1983) est moins connu pour ses essais critiques sur Baudelaire (1926) et Bloy (1967) que pour son action comme journaliste et publiciste au sein du catholicisme social d'avant-guerre. En effet, il fonde, en 1937, l'hebdomadaire *Temps présent* auquel collaboreront Mauriac, Claudel et Maritain, et, pendant la Résistance, il participe à la fondation clandestine des *Cahiers du témoignage chrétien*. Stanislas

Fumet n'est pas un inconnu pour Charbonneau qui a régulièrement publié ses articles dans *La Nouvelle Relève*.

Adepte du thomisme de Maritain, **Étienne Gilson** (1884-1978), universitaire, académicien, auteur, entre autres titres, de *L'Esprit de la philosophie médiévale* (1932), enseigne successivement à Lille, Strasbourg, la Sorbonne, puis au Collège médiéval de l'Université de Toronto, qu'il dirige, et à Harvard. Il connaît bien la situation canadienne-française et sera, du côté français, l'allié le plus sûr de Charbonneau.

ANNEXE III

Index des noms propres cités dans
La France et nous

Table des matières

Parus dans la
Bibliothèque québécoise

Jean-Pierre April
CHOCS BAROQUES

Hubert Aquin
JOURNAL 1948-1971

Philippe Aubert de Gaspé
LES ANCIENS CANADIENS

Noël Audet
QUAND LA VOILE FASEILLE

Honoré Beaugrand
LA CHASSE-GALERIE

Marie-Claire Blais
L'EXILÉ suivi de
LES VOYAGEURS SACRÉS

Jacques Brossard
LE MÉTAMORFAUX

Nicole Brossard
À TOUT REGARD

André Carpentier
L'AIGLE VOLERA À TRAVERS LE SOLEIL
RUE SAINT-DENIS

Pierre Turgeon
FAIRE SA MORT COMME FAIRE L'AMOUR
LA PREMIÈRE PERSONNE
UN, DEUX, TROIS

Achevé d'imprimer
en octobre 1993 sur les presses
des Ateliers Graphiques Marc Veilleux Inc.
Cap-Saint-Ignace (Québec).